Dem Wunder leise begegnen

Geschichten,
die Mut machen

Gesammelt und erzählt von
Margarete Catharina Scheuvens

Inhalt

und doch,
wenn du lange gegangen bist,
bleibt das Wunder nicht aus,
weil das Wunder
immer geschieht...

Hilde Domin

Es war einmal ... So beginnen viele Märchen und Mutmachgeschichten, die wir als Kind vorgelesen bekommen und im besten Fall tief in der Seele als Schatz für unsere eigene Lebenserfahrung hüten. Oft gibt es ja ein „happy end" – das Gute siegt, Ehrlichkeit und Tapferkeit werden belohnt, und der Prinz findet die passende Braut. Als Kind dürfen wir dann zumindest eine Zeitlang an Zauberhaftes glauben und an das klassische „Ende gut, alles gut".

Und wie ist es für uns Erwachsene? Wo und wie können wir uns das Vertrauen erhalten, dass sich Dinge zum Guten wenden werden, auch wenn wir bisweilen nicht wissen, welchen Zauber es dafür braucht oder welchen Sinn eine aktuelle Krise hat?

In meiner Praxis für Wegbegleitung bewegt mich schon immer die Frage, auf welche vielfältige Art und Weise Menschen ihre Zuversicht und ihre Resilienz stärken können – gerade wenn sie einen schwierigen Start ins Leben hatten. Und wie man weiß, sind Bücher und Geschichten dafür durchaus hilfreich! So entstand in mir die Idee, Geschichten von „Wundern" und glücklichen Fügungen zu sammeln, die beim Lesen Mut machen, nicht nur in Krisenzeiten. Die in Momenten der Angst oder Krankheit daran erinnern: Ich bin nicht allein. Anderen ging es ähnlich, und sie haben das Schwere überwinden können!

Doch die Geschichten dieses Buches haben noch eine zweite Bedeutung für mich: Ich möchte auch zum „Wundern" im Sinne von „Staunen" einladen! Zum Innehalten, zum „angenehmen Verweilen", wie es in der buddhistischen Achtsamkeitspraxis geübt wird, um das Hier und Jetzt bewusst zu erleben. Um zu spüren, zu schmecken, zu riechen.

„Wunder" ist so ein großes Wort. Im Grunde kann nur jede/r für sich selbst entscheiden, ob er oder sie ein Erlebnis als Wunder definiert – oder einfach als Zufall. Manche Menschen, mit denen ich gesprochen habe, vor allem Männer, beschrieben die „Wunder" auch als „Erlebnisse, für die ich keine rationale Erklärung finden konnte".

Für die meisten Texte habe ich Interviews geführt. Manche Geschichten wurden mir zugeschickt. Ich möchte allen von Herzen danken, die zu dem Buch beigetragen haben! Entweder, weil sie mich ermuntert und unterstützt haben, oder weil sie mir eine ihrer Lebensgeschichten anvertrauten. Ein unglaubliches Geschenk! Die meisten Geschichten-StifterInnen hätten auch nicht von einem „Wunder" gesprochen. Oft gab es zum Schluss eines Interviews eine schöne Nähe in der gemeinsamen Dankbarkeit über das Erlebte. Und den Satz „das erzählt man ja nicht überall". Und da es so persönliche Geschichten sind, haben wir einige Namen verändert, um die Vertraulichkeit zu wahren.

Jede Geschichte hat ihren eigenen Reiz – am besten lesen Sie langsam und „in homöopathischer Dosis"... So können Sie mitfühlen, mitstaunen oder sich mitfreuen. Es sind Geschichten über Krankheit und Heilung, über Abschiede, über mutige Entscheidungen, über besondere Begegnungen, über die Liebe, über Engel, über Unfälle und Rettungen. Über schicksalhafte Veränderungen, die sich erst später als segensreich herausgestellt haben. Und über unverhofftes Glück im Inneren oder im Außen ... Lassen Sie sich überraschen!

Übrigens traf ich gegen Ende der Recherchen für dieses Buch per „Zufall" eine der Geburtshaus-Hebammen, die uns kundig und einfühlsam durch die Schwangerschaft begleitet hatten. Natürlich fragte ich sie, ob sie eine Wundergeschichte beizusteuern hätte von den vielen Geburten, bei denen sie dabei sein durfte. Sie überlegte. Dann sagte sie lächelnd: „Nicht eine. Alle!"

Und jetzt: viel Freude beim Lesen!

Margarete Catharina Scheuvens

Herzens-Dinge

Vom Wunder
der Begegnung

DIE ZWEI MÜTTER

Ich lebe in Argentinien, doch meine Familie stammt ursprünglich aus Deutschland. Das stimmt aber nur zum Teil, denn meine leibliche Mutter ist Chilenin. Sie war mit ihrem Verlobten recht jung schwanger geworden. Dann kam ein schwerer Schicksalsschlag: Mein leiblicher Vater starb, als ich gerade mal 1 1/2 Jahre alt war. Die junge Witwe war ganz auf sich gestellt. Bedrängt von den finanziellen Nöten entschied sie sich, ihre kleine Tochter zu einem wohlhabenden deutschen Ehepaar zu geben, das schon drei andere Kinder adoptiert hatte.

Ich wuchs dort sehr behütet und liebevoll umsorgt auf, konnte studieren und gründete eine eigene Familie. Sehnsucht danach, meine biologische Mutter kennenzulernen, hatte ich nie, obwohl meine Adoptivmutter mir manchmal von ihr erzählte. Erst mit 40 Jahren, als meine eigenen Kinder aus dem Haus gingen, bekam ich plötzlich eine Ahnung von dem unglaublichen Abschiedsschmerz, den meine leibliche Mutter erlebt haben musste, als sie mich zur Adoption freigab.

Ich brachte in Erfahrung, dass sie nie wieder geheiratet oder andere Kinder bekommen hatte, zutiefst gläubig war und weiterhin in einem recht nahe gelegenen Bergdorf wohnte. Meine Adoptivmutter lebte mittlerweile im Altersheim.

Sie war zunehmend dement geworden, und es bestand kein Risiko mehr, dass sie sich durch meine Recherchen und meinem Wunsch nach einem Treffen mit der leiblichen Mutter verletzt fühlen könnte.

Irgendwann fasste ich mir dann ein Herz und machte mich auf den Weg ins Dorf. Sie wohnte in einem einfachen Haus. Als ich an ihre Tür klopfte, war ich sehr nervös und fürchtete, von Emotionen überwältigt zu werden. Eine kleine, alte Dame öffnete und blickte mich verwundert an. Ich stellte mich mit Namen vor – wieder nur erstauntes Schweigen und Schauen. Trotzdem bat mich die Frau hinein. Unsicher saßen wir uns eine Weile gegenüber. Mir rollten die Tränen über das Gesicht, und mein Herz klopfte wie wild, während meine Mutter noch versuchte, meinen Namen irgendwie in ihren Familien- oder Bekanntenkreis einzuordnen.

Plötzlich ging ein Leuchten über ihr Gesicht und sie rief auf Spanisch: „Mi hijita!" „Mein Töchterchen!" Wir hielten uns lange im Arm. Dann wurde sie ernst und bat als erstes um Verzeihung dafür, dass sie mich damals hatte weggeben müssen. Ich konnte ihr aus tiefstem Herzen versichern, dass ich keinerlei Groll hegte, sondern eine sehr glückliche Kindheit und Jugend hatte erleben dürfen.

Wir erzählten und erzählten. Und so kam es, dass ich ein halbes Jahr lang sozusagen zwei Mütter hatte. Dann verstarb meine Adoptivmutter.

Nach und nach konnte ich noch mehr liebe Menschen aus meiner Verwandtschaft kennenlernen. Ja, unser Wiedersehen war echt filmreif! Und das Wunderbare daran ist, dass wir uns noch so lieb gewinnen konnten, über alle sozialen und kulturellen Unterschiede hinweg. Natürlich hat das Vertrautwerden eine Weile gebraucht, und meine Welt war ihr, die sie kaum aus ihrem Bergdorf herausgekommen war, ziemlich fremd. Trotzdem wurde sie mir mit der Zeit durch ihre eigene Lebenserfahrung, und ihre Herzensweisheit zu einer wertvollen Zuhörerin und Beraterin.

Familie ist ein großes Geschenk. Ich habe sogar zwei und darf mich in ihren beiden Welten zu Hause und geliebt fühlen.

Patricia Klocker

Gibt es etwas Schöneres,
als dem Leben zu verhelfen,
sich auszubreiten?
Ulrich Schaffer

VERTRAUEN FIRST, BEDENKEN SECOND

Als ich nach einem langen Arbeitstag von der Arbeit heimkam, fand ich einen sehr tristen Brief vor. Absender: das Finanzamt. Er steckte in einem dieser grauen Umschläge, bei denen einem das Herz stehen bleibt, wie damals bei den blauen Briefen von der Schule.

Und der Schreck war auf eine Art sogar berechtigt: Ich hatte meine Einkommensteuererklärung leider vor lauter Fleißigsein als Selbständige dermaßen auf die lange Bank geschoben, dass mir jetzt eine Nach- und Vorauszahlungsforderung in Höhe von 18.000 Euro ins Haus geflattert war. Ich schluckte. So viel Geld hatte ich bei Weitem nicht parat! Wenn ich alle Spargroschen zusammen klaubte, kamen vielleicht 5.000 Euro dabei heraus, mehr nicht.

Doch irgendetwas entschied in mir, den Schalter schnellstens umzulegen hin zu „Ich schaffe das. Ich übernehme jetzt die Verantwortung. Ich zaubere das Geld schon her, und wenn ich bei allen Banken der Stadt Klinken putzen muss, um einen Kredit zu bekommen!"

Als erstes telefonierte ich mit dem Finanzamt, um mich nach der Möglichkeit einer Ratenzahlung zu erkundigen. Dann ließ ich mir einen Notfalltermin bei einer Vermögensberaterin geben. Das klappte erstaunlicherweise sogar am gleichen Tag.

Danach musste ich nochmal einen Gang „runterschalten".

Ich verabredete mich mit einer Freundin zum Spaziergang und erzählte ihr alles. Sie hörte zu, ohne mich zu kritisieren oder zu verurteilen dafür, dass ich die Steuererklärung so lange hatte liegen lassen. Das tat schon mal gut! Nach einer Weile sagte sie: „Also, einen Teil der Summe, sagen wir 5.000 Euro, könnte ich dir leihen." Überrascht blieb ich stehen. Damit hatte ich nicht gerechnet, und danach hätte ich auch nicht zu fragen gewagt. Ich spürte, wie mein Herz schon etwas leichter wurde, und meine Zuversicht wuchs, dass mein Problem doch irgendwie zu bewältigen wäre. Wir gingen weiter, sprachen über andere Dinge. Plötzlich sagte meine Freundin: „Weißt du was, eigentlich kann ich dir alles leihen, bei mir ist eh gerade ein Sparvertrag abgelaufen."

Ich konnte es nicht fassen. Sollte mein Geldproblem tatsächlich so leicht und schnell aus der Welt zu schaffen sein? Und dann setzte die Freundin hinzu: „Und du wirst es kaum glauben, aber du kannst das Geld auch direkt in bar mitnehmen. Ich habe es gerade gestern von der Bank geholt, weil ich eine größere Anschaffung plane. Aber die kann ruhig warten."

Die Dame vom Finanzamt staunte nicht schlecht, dass ich die Summe nun doch nicht abstottern, sondern in einem Rutsch überweisen konnte. „Solche Freundinnen hätte ich auch gern!", freute sie sich mit mir. Und: Es ging wirklich alles gut aus. Beruflich hatte ich nochmal einen richtigen Aufschwung! Nach drei Monaten konnte ich meiner Freundin schon einen großen Teil des Geldes zurückgeben, und nach zwei Jahren hatte ich meine Schulden vollständig beglichen.

Die Steuererklärung reiche ich seither immer fristgerecht ein ...

Sabine P. Kauder-Peters

Wunder geschehen plötzlich.
Sie lassen sich nicht herbeiwünschen,
sondern kommen ungerufen,
meist in den unwahrscheinlichsten Augenblicken,
und widerfahren denen,
die am wenigsten damit gerechnet haben.

Georg Christoph Lichtenberg

DAS SOCKENWUNDER

Ich war schon einige Zeit alleine, und der Wunsch, wieder eine Partnerin an meiner Seite zu haben, nahm in meinen Gedanken immer mehr Raum ein. Da es jenseits von Schule, Uni und Beruf mit zunehmendem Alter immer schwieriger wird, jemanden kennenzulernen, überlegte ich mir einen alternativen Weg.

Naheliegend schaute ich zunächst auf meinen PC. Während ich mich durch diverse Foren, Börsen und Chat-Angebote klickte, sah ich meine Zeitung auf dem Schreibtisch liegen. Und mir kam die Idee, dass ich eine andere, die „altmodische" Kommunikation wählen mochte.

Ich hatte sofort den Text einer Anzeige vor Augen, der dann genau so wenige Tage später unter der Rubrik „Partnerschaft" in der Zeitung erschien. Er begann mit „Und jedem Anfang wohnt ein Zauber inne ..."

Etwa 20 Kilometer entfernt von mir sah (m)eine Frau eben diese Anzeige, rief sofort ihre beste Freundin an und erzählte von meinem „verführerischen Werben". Es bedurfte schon ein wenig Überredungskunst ihrer guten Freundin, bis dann ein wunderschöner, handgeschriebener Brief verfasst wurde. Dem Brief wurde ein Foto beigelegt und fand den Weg zum Briefkasten und an meine Zeitung.

Wenige Tage später erhielt ich einen dicken Briefumschlag, der sehr viele einzelne Briefe beinhaltete, und zuoberst lag eben dieser Brief, der mein Leben veränderte. Ich öffnete ihn und sah eine sympathisch ausschauende Frau, längs auf einer Parkbank liegend

Der Brief war sehr liebevoll geschrieben, und ich musste mir nochmals das Bild anschauen. Beim näheren Betrachten entdeckte ich dann: zwei verschiedene Socken!

Das fand ich witzig, mutig, ein wenig verrückt, spannend, interessant. Ohne die anderen Briefe zu öffnen, griff ich zum Telefon und rief an. Aus diesem Anruf sind dann mehrere Treffen geworden. Wir wurden ein Paar, zogen in eine andere Stadt, und drei Jahre später heirateten wir.

Irgendwann blätterte meine Frau durch alte Erinnerungen und stieß durch Zufall auf das Bild, das unser Leben so schön verändert hatte. Sie rief mich hinzu. Ich schaute es genau an und musste mir die Augen reiben: Die beiden Socken waren genau gleich. Es gab gar keine zwei verschiedenen Socken!!

Unserem Anfang hatte nur ein ganz besonderer Zauber innegewohnt.

Wolfgang Schmitt

Du brauchst nur zu lieben,
und alles ist Freude.

Leo N. Tolstoi

DIE ALTE FREUNDIN

Ich sitze mit ihr in der Augenklinik. Sie hat einen Termin, und ich begleite sie. Alleine schafft sie es nicht mehr. Ich bewundere ihre Ruhe, hier im überfüllten Wartezimmer. Schlechte Luft, alle husten, haben schlechte Laune.

Früher wäre sie dazwischen gegangen: „Das darf doch nicht wahr sein! Dafür habe ich keine Zeit. Ich hatte vor zwei Stunden hier einen Termin und warte immer noch. Ja, wo muss ich mich denn melden, damit ich mich beschweren kann?"

Früher war sie quirlig, streitbar, voller Leben, so wie ihr Haus, in dem ich mehr als nur ein Gast war. Ich bin dort ein- und ausgegangen, wie man so sagt. Die Zeit ist vorbei. Jetzt wartet sie nur noch und fügt sich, und ihr Haus ist meistens leer.

Ich war dreizehn, als ich einen ihrer fünf Söhne kennenlernte. Wir wurden Freunde und sind es bis heute. Auch seine Brüder wurden mir Vertraute. Man erlaubte mir, hineinzuwachsen in diese Familie. Ich denke, ihre Mutter und ich, wir hatten über die Jahre ein stillschweigendes Übereinkommen. Wir haben gar nicht so viel miteinander gesprochen, dafür umso mehr gelächelt.

Monate später nach diesem Termin in der Augenklinik geht es ihr so schlecht, dass an einen Arztbesuch nicht mehr zu denken ist. Ihre fünf Söhne, meine Freunde, erzählen mir bei allen Gelegenheiten von ihr. Sie liegt nun schon seit vielen Wochen auf der Intensivstation. Sie besuchen sie täglich, aber ich – kann nicht.

Eines Nachts bekomme ich ein ungutes Gefühl. Ich stehe mit meinem Taxi am Halteplatz, erhalte einen Fahrauftrag, fahre hin, aber kein Mensch meldet sich an der Adresse. Nächster Auftrag: wieder hingefahren, wieder kein Mensch da. Dann noch ein Auftrag und wieder eine Fehlfahrt. Was ist denn heute nur los?

Na gut, jetzt bin ich in einem Auftragsgebiet gelandet, wo ich eigentlich nie mit meinem Wagen stehe. Und dann kommt die Bestellung: Bonner Talweg, Bahnhaltestelle, Person mit Rollstuhl. Ich fahre hin und sehe Max, ihren Enkel, nach einem schweren Unfall im Rollstuhl sitzend.

„Hallo, was ist los, wohin soll's gehen mitten in der Nacht?" „In die Klinik zu ihr, es geht zu Ende."

Ich habe ihn zur Klinik gefahren, und auch die Brüder waren da.

Sie ist in dieser Nacht gestorben

Nie wieder habe ich als Taxifahrer in einer Nacht vier Fehlfahrten gehabt. Man könnte meinen, sie habe uns alle zu sich gerufen.

Ich denke, so war es.

Markus Frings

Verbunden sind wir
stark und unwandelbar,
im Schönen wie im Guten,
über alle Gedanken hinaus
im Glauben
und im Hoffen.

Diotima

DAS GEHEIMNIS DER ROSE

Der 15. Mai war für uns ein ganz besonderer Tag. Jahr für Jahr freuten mein Mann und ich uns über diesen Tag in unserem Leben. Es war der Tag unseres Kennenlernens. Dankbarkeit über unsere Liebe und Wertschätzung füreinander erfüllten uns – auch durch Krisen geschüttelt lag etwas Besonderes auf diesem Tag. Heute jährte er sich zum fünfzehnten Mal.

An diesem Morgen war ich ein wenig aufgeregt, weil eine wichtige Konferenz vor mir lag, auf der ich mit voller Präsenz anwesend sein wollte; so hegte ich Hoffnung auf entspannende Augenblicke mit ihm am Abend.

Aber er kam nicht nach Hause. Ich saß allein mit den beiden Kindern am Abendbrottisch, und wir waren guter Dinge. Dann klingelte das Telefon. Der Sohn nahm den Hörer ab, hörte am anderen Ende etwas ihn Erschütterndes, lief hinaus auf die Straße und schrie nach seinem Vater. Ich griff nach dem Hörer und hörte den Geschäftspartner mit ruhiger Stimme sagen: „Wir haben alles versucht. Eine Stunde lang. Ihr Mann ist tot." Er berichtete kurz, was geschehen war. Ich legte den Hörer auf, nahm die beiden Kinder in die Arme, nachdem der Sohn wieder ins Haus gekommen war und ich der Tochter die schreckliche Nachricht übermitteln musste: „Papa ist tot." Wir hielten uns fest in den Armen und weinten. Die damals Dreizehnjährige wiederholte immer und immer wieder: „Das ist nicht wahr. Mama, sag bitte, dass es nicht wahr ist!"

Es war unbegreiflich, unfassbar. Mitten aus dem Leben gerissen war nicht nur er, sondern waren auch wir! „Ich werde jetzt alles tun, damit wir Papa heute Abend noch sehen können", versuchte ich das Unfassbare fassbar zu machen. Er war in einer anderen Stadt, achtzig Kilometer entfernt bei einem Geschäftspartner an einem Herzinfarkt gestorben.

Ich spürte nichts mehr. Leere, Ohnmacht, ein tiefer Abgrund tat sich auf – und ich musste jetzt handeln.

Nachdem ich für die Überführung alles geregelt hatte, zündeten wir eine Kerze an und begannen zu beten. Wir wollten ihm beistehen jetzt in dieser Stunde des großen und letzten Übergangs, der Geburt aus dem Tod ins Leben für immer. Es war eine dichte Stunde, die uns den Schmerz aushalten ließ und spürbar machte, wie sehr wir miteinander verbunden sind; selbst der Tod konnte es uns nicht nehmen.

Kurz vor Mitternacht fuhren wir zu dem Beerdigungsinstitut, das ihn überführt hatte. Als wir ihn im Sarg liegen sahen, brach ein großer Schmerz aus uns heraus. Wir weinten laut und hielten uns fest, schwiegen. Sanft berührte ich seine Hände und legte meine Hand auf sein Herz, das aufgehört hatte zu schlagen. Wir beteten miteinander, schwiegen wieder, sangen ein Lied „Herr, gib ihm deinen Frieden ...", und scheu schauten wir einander an. Danach wurde es ganz still; es war wie eine Unterbrechung der bewegten und aufgewühlten Gefühle. Wir schauten ihn an. Es war Totenstille. Heiliges Schweigen könnte ich es nennen, angesichts der absoluten Grenze, die wir nicht überschreiten konnten.

Als ich nach unserer Rückkehr in dieser dunklen Nacht am Bett der Tochter saß, weinte sie und fragte: „Mama, wie sollen wir ohne Papa Weihnachten feiern?" Es war der 15. Mai! Weihnachten war zeitlich weit weg, jedoch wohl der Inbegriff für familiäre Geborgenheit. „Ich weiß es nicht, aber vielleicht werden wir spüren, dass Papa uns ganz nahe sein wird"; in diesem zaghaften Vertrauen übergab ich sie der Nacht.

Ich las noch in dem Büchlein, aus dem er täglich einen Impuls nahm. Was ich nun las, kam mir vor wie eine Botschaft von ihm:

Wenn du weder kämpfen
noch fliehen kannst, fließe.
Robert Eliot

Fließen – mit dem, was jetzt ist, fließen ohne Widerstand, sich hineingeben in diese Wirklichkeit, das klang wie ein liebend sanfter Auftrag!

Am nächsten Morgen rief der Geschäftspartner erneut an und teilte mir mit, dass im Auto eine Rose für mich lag, die er am Abend noch mit Wasser versorgt habe. Eine Rose, dachte ich, eine Rose, von der werde ich leben. Ein Hoffnungsschimmer! „Es gibt Augenblicke, da ist eine Rose wichtiger als ein Stück Brot", fiel mir ein; das sagte Rainer Maria Rilke in seiner Erzählung von der Bettlerin. In mir keimte eine tiefe Zuversicht auf: Eine Rose als tiefste Tröstung von ihm selbst, ein untrügliches Zeichen der Liebe, die bleibt über den Tod hinaus.

Als ich tags darauf die leuchtend rote Rose in meinen Händen hielt, pulsierte das Leben in mir, und ein Gefühl tiefer Liebe durchfuhr meinen ganzen Körper: Er schenkt mir ein Zeichen des Lebens nach seinem Tod. Eine Botschaft vom Leben, eine Botschaft an unser Leben. Es ist die Liebe, die über den Tod hinausgeht. Ich höre seine Stimme: „Ich bin bei dir, ob du es weißt oder nicht." Ich schaute die Rose an, sie öffnete all meine Sinne. Ihr Duft zog mich hinein in das Geheimnis vom Leben im Tod. Ich tauchte ein in diesen Augenblick, ich atmete, spürte pure Gegenwart: Alles ist Jetzt. Und eine tiefe Gewissheit lässt alles zur Ruhe kommen. Diese Rose werde ich hüten, weil ich von ihr leben kann durch allen Schmerz der Trauer hindurch. Sie ist ein Zeichen der Liebe über den Tod hinaus. Die Rose war mir die sichere Botschaft: Er lebt. Nichts war mir wichtiger, als an das Geheimnis der Rose zu glauben: an das Geheimnis des Lebens über den Tod hinaus.

Es war kurz vor Weihnachten. Immer und immer wieder war die Frage meiner Tochter in meinem Kopf: Wie sollen wir ohne Papa Weihnachten feiern? Auch wenn ich innerlich mit der Rose lebte, spürte ich, dass ich erneut ein Zeichen brauchte, um mit den Kindern in der Gewissheit Weihnachten zu feiern, dass ihr Vater jetzt besonders nahe ist. Seit Tagen fühlte ich eine innere Spannung. Da erreichte mich zwei Tage vor Weihnachten ein Geschenk meiner lieben Freundin, ein Buch mit einem Titelbild von Sieger Köder: „Ein Reis wird hervorgehen aus dem Stumpf Isais" (Jesaja 11,10). Da ist sie wieder, die Rose. Mag die Nacht noch so dunkel sein, die Kraft der Rose ist stärker. Sie hat den Tod überwunden. In mir keimte Hoffnung auf für das bevorstehende Weihnachtsfest.

Als ich noch staunend das Bild anschaute, kam meine Tochter von draußen ins Haus und überreichte mir eine blühende dunkelrote Rose. „Mama, schau mal, die blühte noch am Waldhäuschen, da habe ich sie gesehen und für dich gepflückt." Es lag Schnee, und es war sehr kalt, nachts waren Minustemperaturen um 10 Grad.

Wie konnte da nur eine Rose blühend überwintern? Nein, diese Frage stand nur für einen Augenblick im Vordergrund. Dann war tiefe Gewissheit in mir: Wir können Weihnachten feiern, denn Papa ist bei uns! Ich schloss meine Tochter in die Arme und weinte vor Glückseligkeit.

„Die Liebe hört niemals auf ..."

Christa Pesch

Die Blume geht zugrunde,
aber der Samen bleibt zurück und liegt vor uns,
geheimnisvoll, wie die Ewigkeit des Lebens.

Khalil Gibran

NUR EINE ROSE ALS STÜTZE

Ich richte mir ein Zimmer ein in der Luft
unter den Akrobaten und Vögeln:
mein Bett auf dem Trapez des Gefühls
wie ein Nest im Wind
auf der äußersten Spitze des Zweigs.

Ich kaufe mir eine Decke aus der zartesten Wolle
der sanftgescheitelten Schafe, die
im Mondlicht
wie schimmernde Wolken
über die feste Erde ziehn.

Ich schließe die Augen und hülle mich ein
in das Vlies der verlässlichen Tiere.
Ich will den Sand unter den kleinen Hufen spüren
und das Klicken des Riegels hören,
der die Stalltür am Abend schließt.

Aber ich liege in Vogelfedern,
hoch ins Leere gewiegt.
Mir schwindelt. Ich schlafe nicht ein.
Meine Hand
greift nach einem Halt und findet
nur eine Rose als Stütze.

Hilde Domin

Lebens-Freuden

Vom Wunder
im Alltäglichen

Berlin, ein Donnerstagabend im November. Bei der Sitzung im Ministerium waren die Fensterjalousien heruntergelassen, um die an die Wand projizierten Präsentationen besser sehen zu können. Wir waren so konzentriert, dass wir kaum etwas von der Außenwelt mitbekamen: Die Stadt versank gerade im Orkan-Chaos. Es war ein filmreifes Szenario. Umgestürzte Bäume, vollgelaufene U-Bahn-Schächte, der gesamte öffentliche Nahverkehr lahmgelegt.

Mit Müh und Not bekamen wir noch ein Taxi. Es grenzte bereits an ein Wunder, dass wir halbwegs rechtzeitig am Flughafen ankommen konnten. Doch das nutzte nichts, denn der Flugverkehr war ebenfalls zum Stillstand gekommen. Ich konnte zwar noch einchecken und meine Tasche aufgeben, doch dann blinkte es auf der Anzeigetafel: *Flight Cancelled.*

Unter normalen Umständen hätte mich das nicht sonderlich beunruhigt. Es gibt ja heutzutage die Schnellbusse, auf die man oft zurückgreifen kann, wenn die Deutsche Bahn die Schienenwege frei räumen oder Hochspannungsleitungen reparieren muss. Allerdings: Am nächsten Tag sollte abends mein Flieger nach Bangkok gehen, und ich hatte mein Gepäck daheim in Stuttgart gelassen. Laut Verkehrs- und Wetternachrichten waren die

umliegenden Straßen und Autobahnen streckenweise auf unbestimmte Zeit gesperrt. Was tun? Ringsum Hektik, ungehaltene Fluggäste, genervte Servicebeamte, Unklarheit über Umbuchungsregelungen, ein Riesengedränge.

Meine Kollegin hatte sich mittlerweile nach den Schnellbussen erkundigt und mitbekommen, dass es im letzten Bus Richtung Süden noch zwei Restplätze gab. Eile war angesagt, aber ich musste ja erst noch die aufgegebene Tasche abholen. Wieder ein Anruf auf dem Handy, die Zeit lief …. Da entschied ich mich: STOP.

Wofür habe ich drei Wochen zuvor an einem Meditationsseminar teilgenommen, in dem wir uns darin geübt hatten, uns mehr der inneren Stimme, dem „Bauchgefühl" zu überlassen? Also jetzt: innehalten. Durchatmen. Nach innen lauschen. Und was „hörte" ich? Dass ich eben nicht den Bus nehmen, sondern nochmal neu nach Flügen für den nächsten Morgen fragen sollte.

Gehört, getan. Ich schaffte die Umbuchung auf eine andere Fluglinie für den nächsten Morgen um sechs Uhr. Meine innere Stimme flüsterte zwar: acht Uhr reicht! Doch ich wollte lieber auf Nummer Sicher gehen. Und jetzt? Ich musste ein Hotel für die Nacht suchen. Inzwischen waren jedoch alle Unterkünfte in Flughafennähe ausgebucht.

Innehalten, durchatmen, den Bauch fragen. Der sagte: „Jetzt erstmal freuen über das Glück, dass du am nächsten Morgen fliegen kannst! Und dieses Glück (mit-)teilen!" Wen würde das interessieren? Am ehesten die Teilnehmer der Meditations-Reisegruppe. Wir hatten eine WhatsApp-Gruppe eingerichtet, in der ich jetzt flugs eine Nachricht über mein Erlebnis postete. Einschließlich der Bitte um „Daumen drücken" für die Übernachtung in Berlin und den Flug nach Bangkok am Folgetag. Da kam auch schon eine Antwort: Ich hatte ganz vergessen, dass ein Seminarteilnehmer aus Berlin stammte, und er bot mir gern einen Schlafplatz an!

Jetzt war nur noch die Frage, wie ich in die City zurückfahren könnte. Der öffentliche Nahverkehr funktionierte immer noch nicht, an den Taxi-ständen standen die Menschen in langen Warte-schlangen. Meiner Bauchstimme folgend, ging ich einfach mutig an den Beginn der Schlange und fragte den dort wartenden Herrn, ob ich eventuell mitfahren dürfte. Er verneinte, entnervt durch die anderthalbstündige Wartezeit, die er schon hinter sich hatte. Doch als das nächste Taxi endlich kam, ergab sich eine kleine „Mitgefühlswelle", und am Schluss saßen wir zu viert im selben Wagen, teilten die Aufregung und Reisegeschichten, lachten am laufenden Band. Als wir dann nach und nach ausgestiegen waren, sagte der vormals mürrische Fahrgast, der „sein" Taxi mit uns geteilt hatte, er hätte lange nicht so eine preisgünstige und zugleich unterhaltsame Fahrt vom Flughafen erlebt!

Die Übernachtung bei dem Freund aus dem Meditationsseminar war natürlich viel angenehmer als ein Hotel! Und eine gute Gelegenheit, uns gegenseitig darin zu bestärken, dass eine positive Haltung und Hingabe an das „Geführt sein" unser Leben ungemein erleichtern kann, wenn wir uns dafür öffnen und auch vermeintliche Hindernisse akzeptieren. Wie heißt es so schön? Umwege erweitern die Ortskenntnis!

Am nächsten Morgen kam ich müde, aber wohlgemut und mit genügend Vorlaufzeit für das Einchecken am Airport an. Und wieder eine Hürde: Der Flug wurde ebenfalls gestrichen! Glücklicherweise gab es noch Plätze im nachfolgenden Flieger, und ich musste schmunzeln: Mein Bauch hatte also recht gehabt mit dem Impuls, den späteren Flug zu buchen! Und mein Körper hätte gern ein wenig länger geruht! Egal, der Rest dieses Reiseabschnitts klappte ohne weitere Vorkommnisse.

Nach dem Ankommen daheim und den letzten Vorbereitungen für die Dienstreise nach Bangkok checkte ich die Bahnverbindungen, entschied mich für den 17-Uhr-Zug Richtung Frankfurt und wollte mich bis dahin noch mal ein wenig hinlegen. Gegen 15 Uhr wurde ich jedoch seltsam nervös ... und so folgte ich meiner inneren Stimme, indem ich mich direkt auf den Weg machte.

Wie weise! Es gelang mir gerade noch, den letzten Zug Richtung Flughafen zu erwischen, bevor aufgrund von Sturmschäden auch hier die Züge ausfielen. So eine Odyssee!!! Und gleichzeitig: so ein Geschenk, „aus dem Bauch heraus" immer wieder Lösungen finden zu dürfen!

Seither bin ich vor meinen Reisen und im Leben insgesamt eher entspannt-neugierig auf den Flow und die Umwege, statt wie früher nervös oder genervt zu reagieren, wenn die Pläne scheiterten und ich umsteuern musste.

Und das fühlt sich richtig gut an!

Ute Dannenmann

Blicke in dein Innerstes!
Da drinnen ist eine Quelle des Guten,
die niemals aufhört zu sprudeln,
solange du nicht aufhörst, nachzugraben.
Marc Aurel

Mein Mann wollte die Polarlichter sehen, und sein Freund wanderte gerne. So reisten sie im Frühjahr auf die Lofoten, eine Inselgruppe vor der Küste Norwegens rund 200 Kilometer nördlich des Polarkreises. Der eine am Anfang seines Studiums, der andere am Anfang seiner Ausbildung. Ein Trekkingurlaub sollte es werden, mit Zelt und Kocher, ohne Schneeschuhe, aber mit Schokoladenriegeln im Gepäck. Die Packliste wurde zweigeteilt, jeder der beiden war für eine Hälfte zuständig.

Im Norden gelandet, zogen die zwei Männer dann los, hinein in den norwegischen Winter. Sie freuten sich auf fünf außergewöhnliche Tage, auf Schnee, wie es ihn in Deutschland nicht gibt, auf tanzende Nordlichter. Und auf die warme Mahlzeit, die sie am Ende der ersten Etappe zubereiten wollten auf einem Kälte-Spezialkocher. Bis -30° Celsius sorgt dieses Gerät für eine gleichmäßige Kochflamme! Mein damals noch unverheirateter Mann war ziemlich stolz auf diesen Kauf gewesen.

Als es Zeit wurde für den ersten Einsatz dieses Campingkochers fiel den beiden Reisenden auf, dass sowohl ein Feuerzeug auf der Packliste gefehlt hatte, als auch eine Packung Streichhölzer. Soll heißen: Der Kocher war bereit, die Benzinkartusche vollgetankt, aber der entscheidende Funken fehlte. Sie waren umgeben von Schnee. Weder

Dörfer, noch Höfe lagen in der Nähe. Und auch auf den nächsten Etappen sollte es keine Tankstelle, keinen Kiosk geben.

Die Stimmung der beiden jungen Männer verschlechterte sich zunehmend. Aber es half ja nichts, sich zu ärgern! Also beschlossen sie, sich abzulenken und noch etwas zu bewegen. Ausgestattet mit einem GPS-Gerät gingen sie auf Schatzsuche und suchten nach einem Geocache. (Bei dieser modernen Variante der Schnitzeljagd können Verstecke anhand geographischer Koordinaten mithilfe eines GPS-Empfängers gesucht werden.) In so einem ‚Cache‘, einem Versteck, befindet sich in den meisten Fällen ein kleines Notizbuch, in das sich die Finder eintragen können. Manchmal liegen auch Kleinigkeiten darin, die dann gegen etwas anderes eingetauscht werden dürfen.

Und – man ahnt es: Die beiden Männer fanden das Versteck. Es war nicht nur ein Logbuch darin, sondern auch ein Feuerzeug.

Anne Berk

Gegen das Fehlschlagen eines Plans gibt es keinen besseren Trost als einen neuen zu machen.
Jean Paul

NACHTS IM WALD

Bist du nie des Nachts durch den Wald gegangen,
wo du deinen eignen Fuß nicht sahst?
Doch ein Wissen überwand dein Bangen:
Dich führt ein Weg.

Hält dich Leid und Trübsal nie umfangen,
dass du zitterst, welchem Ziel du nahst?
Doch ein Wissen übermannt dein Bangen:
Dich führt ein Weg.

Christian Morgenstern

WEG

Weg wächst
vor meinen Füßen
Ich sehe immer nur
ein kleines Stück
Aber irgendein
Pfad
wird
sein

Ju Sobing

WUNDER DES WEGES

Wir waren dabei, eine neue Gegend in der Eifel zu erkunden, und ich bedauerte, dass ich nicht wie sonst eine gute Wanderkarte besorgt hatte.

Am liebsten sind mir die Karten des Landesvermessungsamtes mit einer Auflösung von 1:25.000, weil man dort jede Quelle, jede Kreuzung und Anhöhe erkennen kann. Das entspannt ungemein, weil ich mich dann ganz auf die Begegnung konzentrieren kann, ohne Angst, mich zu verirren oder eine Abzweigung zu verpassen.

Diesmal jedoch waren wir ein wenig unsicher über den Wegeverlauf, weil wir uns nur an den Schildern im Wald orientieren konnten. Doch dann, während ich meiner Freundin noch von den Vorteilen dieser detaillierten Wanderkarten vorschwärmte, machte der Weg eine Biegung und wir sahen: genau die passende Karte vom Landesvermessungsamt! Sie lag aufrecht aufgeklappt wie ein kleines Zelt auf dem Weg, absolut nicht zu verfehlen und gleichsam wie extra für uns vom Himmel gefallen!

Sabine P. Kauder-Peters

FRAG RUHIG!

Vor Jahren hatte ich den Wunsch, meiner Freude an der Bewegung nochmal mehr Raum zu geben. Nun brauchte ich „nur noch" einen passenden Partner, um mich für einen Standardtanzkurs anzumelden. Ich fragte in meinem Freundeskreis herum und siehe da, eine Freundin kannte jemanden namens Rudi, der Interesse hatte. Also arrangierte die Freundin ein kleines Frühstücks-„Blind Date" bei sich daheim zum Kennenlernen.

Etwas aufgeregt fuhr ich hin, die Begegnung war angenehm, aber leider keine Liebe auf den ersten Blick. Rudi war ein gutes Stück älter als ich. Irgendwie erinnerte er mich an meinen Vater, oder meinen Onkel, oder an einen Polizisten ... Kurzum, ich war etwas zögerlich und unsicher in Bezug auf die Nähe, die beim Tanzen ja dazugehört.

Auf dem Rückweg im Auto dachte ich über die Frage nach, ob es für mich gut sei, diesem Menschen näherzukommen. Da überholte mich plötzlich ein knallrotes Fahrschulauto mit gelbem Schriftzug „Rudis Fahrschule – du darfst das!"

Dieses Motto habe ich natürlich gern als Antwort auf meine innere Frage verstanden und mit Rudi tatsächlich sehr nette Tanzabende verleben können!

Sabine P. Kauder-Peters

WUNDER ERKUNDEN

Mitten am Tag
die Ohren spitzen,
den Blick schärfen,
mit allen Sinnen
sich begeben hinter die
staubige Oberfläche
des Selbstverständlichen.

Unhörbares erlauschen.
Unsichtbares erkennen.

Wunder erkunden,
die dem Kosmos,
der sie birgt,
Resonanzraum sind.

Tina Willms

DIE UNFERTIGE COLLAGE

Meine erste Anstellung nach dem Studium führte mich ins Rheinland, in eine sehr angenehme neue Wahlheimat. Allein das rheinische Grundgesetz hatte es mir sogleich angetan:

Et kütt wie ett kütt! Et hätt noch alles jut jejange!

Nach einigen Jahren wollte ich mich beruflich verändern, um weiter zu lernen und Erfahrung zu sammeln, dazu aber möglichst nicht wegziehen vom Rhein. Als ersten Schritt bewarb ich mich bei einer Reiseagentur als Dolmetscherin/Fremdenführerin für ausländische Reisegruppen. Um mir noch klarer über meine Sehnsüchte und Visionen zu werden, nahm ich mir über Weihnachten ein Zimmer in einem Kloster. In langen Spaziergängen und Stillezeiten versuchte ich herauszufinden, was ich wollte. Ich schrieb auf, welche Tätigkeiten mir interessant erschienen und welche Qualitäten ich mir von der neuen Stelle wünschen würde: ein kurzer Weg zur Arbeit, Teamgeist, höheres Gehalt, spannende Aufgaben, ein gut ausgestatteter Arbeitsplatz, gute Fehlerkultur, am besten mit nahegelegenem Park für die Mittagspause …

Ich weiß noch genau, wie ich am Schluss auf die lange und ambitionierte Liste blickte und mein innerer Kritiker flüsterte: „Alles klar, und wovon träumst du nachts?" Aber wie auch immer, diese

Wünsche waren in mir gereift, und ich wollte mich nicht direkt begrenzen mit Sätzen wie „zu schön, um wahr zu sein", „so was gibt es nicht", „deine Ansprüche sind viel zu hoch", „sei froh, wenn du überhaupt etwas Neues findest".

Im Gegenteil, ich wollte den Schwung und die Vorfreude auf weitere Glücksfälle nutzen und die Wunschliste als Collage gestalten. Damals gab es noch nicht so viele Bücher oder Studien darüber, dass das Unterbewusstsein über Bilder funktioniert und es Sinn macht, positive Vorstellungen bildlich und emotional in sich wurzeln zu lassen.

Wie dem auch sei: Als ich daheim gerade die ersten Bilder für die Collage aus einer Zeitschrift ausschneiden wollte, klingelte das Telefon. Am anderen Ende: der Chef der Reiseagentur, wo ich mich für Wochenendeinsätze beworben hatte. Man sei interessiert, hieß es, und ob ich mir auch vorstellen könnte, eine feste Stelle dort zu übernehmen. Ich jubelte innerlich, gab aber zu bedenken, dass ich neben meinen Sprachkenntnissen und meiner eigenen Reiselust keinerlei Ausbildung für die Tourismusbranche vorweisen konnte. Das war erstaunlicherweise im Grunde auch nicht nötig, denn es ging vor allem um Kataloggestaltung und die Betreuung von Kursleitern für die vielfältigen Angebote dieses Studienreiseveranstalters.

Die Tatsache, dass mich der Anruf am Festnetz (auch Handys und Anrufbeantworter waren damals noch nicht üblich) und just am einzigen Abend zwischen Weihnachten und Neujahr erreichte, bevor ich über Silvester zu meiner Familie weiterfahren wollte, bestärkte mich darin, diesem Angebot eine Chance zu geben. Drei Monate später übernahm ich einen wahrhaft interessanten und abwechslungsreichen Posten, der mein Leben in vielerlei Hinsicht bereicherte!

Margarete Catharina Scheuvens

WUNDER GIBT ES ÜBERALL

Wunder sind keine spektakulären oder seltenen Er-
eignisse, die sich unserem Einfluss entziehen. Sie
können sich vielmehr dort ereignen, wo ein Mensch
an das Leben glaubt und es als Geschenk betrachtet.
Kleine Geschehnisse verwandeln den, der das Gute
entdeckt. Planbar sind solche Überraschungen nicht,
sie lassen sich aber mit einer wachsamen Gelassen-
heit ermöglichen. Wer seine Sichtweise verändert,
wird in sich selbst und anderen viele Chancen erkennen. Wunder sind ganz einfach, oft handelt es sich um
wahrgenommene Gelegenheiten.

Thomas Romanus

Erden-Wege

Vom Wunder des Lebens

AM LIEBSTEN MÖCHTE ICH DAMIT INS FERNSEHEN!

Behutsam klopfe ich an. Wie immer, wenn ich als Klangtherapeutin mit meinen Instrumenten in ein Krankenzimmer trete und nicht weiß, wer oder was mich dort erwartet. Ich höre ein schwaches „Herein", öffne die Tür und sehe: eine auffallend gepflegte Frau. Sorgsam geschminkt, weißgrauer Pulli, darunter ein T-Shirt in dunklem Pink, mit dezenten Mustern, manikürte Nägel. Sie scheint wie von innen leuchtend und schaut mich neugierig an. Ich stelle mich und das Klangangebot vor und freue mich, dass sie Interesse zeigt.

Noch während ich weiter auspacke, beginnt sie zu erzählen. Ein wenig suchend, manchmal muss sie mitten im Satz eine Pause machen zum Atmen. Die Kräfte schwinden. Sie und alle in ihrer Umgebung wissen, dass sie den letzten Abschnitt ihres Lebensweges beschreitet. Und dennoch: Sie strahlt und erzählt von ihrer unglaublichen Dankbarkeit. „Am liebsten würde ich im Fernsehen davon berichten, in einer Talkshow oder so! Ich möchte so gern diese Dankbarkeit ausdrücken, ich weiß bloß nicht, wie!" Als ich antworte, dass ich ihr zwar keinen TV-Auftritt vermitteln kann, aber ein Buch mit „Mutmachgeschichten" plane, ist sie Feuer und Flamme. Und ich bin gespannt, was denn diese unglaubliche, sprühende

Dankbarkeit ausmacht, die sie mit ihrem ganzen Sein verströmt.

„Ich war noch nie so glücklich! Habe einen wunderbaren Mann und einen Sohn, auf den ich total stolz bin. Vor drei Jahren erhielt ich dann die Krebsdiagnose, und in letzter Zeit ging es dramatisch bergab mit meiner Gesundheit und der Prognose. Es wurde mir empfohlen, mir ein Hospiz anzuschauen. Aber das wollte ich nicht. Es machte mir Angst. Und jetzt bin ich hier auf der Palliativstation, und ich muss sagen: Noch nie in meinem Leben bin ich so liebevoll umsorgt worden. In früheren Krankenhausaufenthalten habe ich fürchterlich Schmerzen gelitten und vergebens geklingelt. Das ist hier auf der Palliativstation ganz anders. Alle aus dem ärztlichen und pflegerischen Team sind um mein Wohl besorgt, sind geduldig und umsichtig. Sie klären uns mitfühlend über die Möglichkeiten – und natürlich auch die Grenzen – der Palliativmedizin auf. Jetzt habe ich auch keine Sorgen mehr, ich könnte ersticken, obwohl der Tumor auf die Muskeln an Speise- und Luftröhre drückt.

Und neben der medizinischen Versorgung gibt es allerlei andere Angebote wie Klang- oder Maltherapie. Letztens kam eine wissenschaftliche

Mitarbeiterin und fragte, ob ich Besuch von den Klinikclowns haben wolle. „Humoristen" nennen sie sich hier, und ich war richtig aufgeregt, ob ich denn überhaupt würde lachen können. Klamauk mag ich eigentlich nicht, und außerdem schmerzt es mich beim Lachen. Aber da es auch um eine Studie ging, für die Fragebögen ausgefüllt würden, die Menge der körpereigenen „Glückshormone" im Speichel vor und nach dem Besuch gemessen wird etc., habe ich zugesagt. Und dann haben wir kaum geredet! Die Clowns haben mit Blicken, Gesten, Pantomime kommuniziert und für mich gesungen: „Marmor, Stein und Eisen bricht, aber unsere Liebe nicht!" Woher wussten sie, dass dies eins meiner Lieblingslieder ist? So ein „Zufall"! Ich war perplex und gerührt. Habe Tränen gelacht. Und konnte nachher guten Gewissens im Fragebogen ankreuzen: erfolgreiche Schmerzlinderung, Rückgang der Ängste, Steigerung des Wohlbefindens."

Die Patientin hält inne. Lächelt mich an. Atmet tief durch. „Aber das Wichtigste bei meinem Aufenthalt hier, das wofür ich am meisten dankbar bin: Ich habe gebeichtet, habe meinen Glauben wiedergefunden."

Die Atmosphäre im Raum verändert sich noch einmal, wird dichter und stiller. Ich streiche leise über die Seiten meiner Körperharfe und lade die Patientin ein, bei dieser Erinnerung ein wenig zu verweilen, diesem Wunder noch einmal nachzuspüren. Und ich frage mich, wie das wohl geht, die spirituelle Heimat wiederzufinden? Was war geschehen, dass sie sich vom Glauben abgewendet hatte?

Wir schweigen. Hören. Manchmal webe ich leise meine Stimme in den obertonreichen Klangteppich des Instruments und versuche, die Dankbarkeit auszudrücken, die auch mein Herz nährt. Nach einer Weile öffnet die Patientin wieder die Augen. Die Musik erinnere sie an Engel, sagt sie, die von den Wolken herunter Harfe spielen. Es sei eine beruhigende Vorstellung für sie, denn: dort oben warte jemand auf sie. Ihr erster Sohn, der mit achteinhalb Monaten am plötzlichen Kindstod starb.

„Da war es vorbei mit meinem Glauben", sagt sie. „Da habe ich Gott den Rücken gekehrt aus Wut, Verzweiflung, Trauer. Später gab es ein weiteres Unglück, das mich fast meinen zweiten Sohn gekostet hätte. Er wurde mit 15 Jahren überfallen. Hat nur überlebt, weil sein Rucksack einen Messerstich von hinten abgefedert hat. Seine linke Hand blieb dabei verstümmelt. Seinen Berufswunsch, Maskenbildner, konnte er danach an den Nagel hängen. Und da die Täter nicht verurteilt wurden und wir Angst vor weiteren Angriffen von ihnen hatten, sind wir sogar in ein anderes Bundesland umgezogen."

Sie seufzt. Beginnt wieder zu lächeln. „Aber dort habe ich meinen Mann kennengelernt, und das war ein großes Geschenk! Er steht mir in der Krankheit wunderbar zur Seite. Auch hier bin ich unsicher: Wie kann ich jemals meine Dankbarkeit angemessen ausdrücken? Dann musste ich wieder in die Klinik, und ich spürte, dass ich meine Vergangenheit noch einmal in den Blick nehmen möchte. Ein wenig Last von den Schultern abschütteln von den Erlebnissen, bei denen ich vielleicht im Nachhinein gesehen hätte anders reagieren sollen. Ich habe ja nichts wirklich Schlimmes getan, aber Sie wissen schon, manchmal geht einem jahrelang etwas nach.

Und so überlegte ich, ob eine Beichte helfen könnte. Der Pfarrer kam. Da ich evangelisch bin, wusste ich nicht, wie das funktioniert, wollte mir erst einmal alles erklären lassen – da war ich schon mittendrin. Ich ließ meinem Erzählfluss und meinen Tränen freien Lauf. Es war unglaublich erleichternd! Und wohltuend: Da war keine Verurteilung seitens des Pfarrers, einfach nur Mitgefühl und Menschlichkeit. Ich konnte alte Urteile über mich und andere ablegen. Mein Herz öffnen, mir selber vergeben. Kränkungen verzeihen. Schicksalhaftes besser annehmen.

Und dann kam's: Zum Abschlusssegen legte der Pfarrer die Hände auf meinen Kopf. Da wurde es in mir ganz hell. Eine ungekannte Wärme breitete sich aus. Und es fühlte sich an, wie wenn ..." Die Patientin hält die Arme um den Körper: „... Wie wenn mich etwas umhüllt. Etwas Weiches. Schützendes. Wie eine Umarmung, die dir sagt: Es ist alles gut. Ich bin bei dir.

Und dieses Gefühl von Geborgenheit, von tiefer Dankbarkeit hält auf eine Art an. Es meldet sich unverhofft zwischen all den Schmerzen oder auch den Fragen, wie es wohl mit mir, vor allem auch mit meiner Familie weitergeht. Ob mein Mann jemanden findet, dem er sein Herz ausschütten mag? Ist ja nicht so sein Ding. Aber seit der Beichte bekomme ich regelmäßig die Kommunion und Besuch von einem Diakon. Vielleicht berührt meinen Mann diese Fürsorge auch, und wenn es ihn später mal arg schüttelt, kann er den Kontakt ja aufgreifen.

So, davon hätte ich wirklich gern im Fernsehen berichtet! Schön, wenn das wenigstens andere Menschen lesen können. Vor allem auch meine Angehörigen. Wie glücklich und dankbar ich in dieser dramatischen Phase meines Lebens bin. Wie aufgehoben, gestärkt und getröstet hier auf der Palliativstation. Danke, dass ich das alles erzählen durfte!"

Ich bedanke mich auch. Wir schweigen noch ein Weilchen. Atemlos ein wenig, alle beide. Und ich hoffe: Wenn ich eines Tages an der Schwelle zum Abschied stehe, werde ich mich an das Strahlen der Patientin erinnern können. Und mich auf sie freuen.

Wunde
meine Wunde
meine Wunde nicht verstecken

Wunde
meine Wunde
meine Wunde hinhalten

dem
der die Hand darauf legt

dann

langsam
ganz langsam

wenn die Wunde
liebevoll wahrgenommen

wird vielleicht

aus der Wunde
das Wunder

Elisabeth Bernet

EINE WEIHNACHTSGESCHICHTE

Es war der vierte Advent. Ein Samstagabend in der Innenstadt. Alles war hell erleuchtet, die ganze Stadt schon ein wenig in Weihnachtsstimmung. Auch Florentine hatte voll Vorfreude auf das Fest noch ein paar letzte Kleinigkeiten besorgt, ihr Stübchen im Seniorenheim war – wie es sich gehörte! – hier und da geschmückt, auf dem Balkon ein winziges Tannenbäumchen.

Sie hatte eine ihrer CDs mit Weihnachtskantaten aufgelegt, summte mit, während sie weiter Päckchen packte – da nahm sie einen merkwürdigen Geruch wahr. Irgendwie angebrannt oder ein wenig wie ein Martinsfeuer – ob sie den Topf auf der heißen Herdplatte vergessen hatte? Plötzlich trat auch der Feuermelder in Aktion. Auf dem Weg zur Küche verstärkte sich der Geruch, kam aber eher aus dem Hausflur. Als sie ihre Wohnungstür öffnete, kamen ihr dunkle Rauchschwaden entgegen. Schnell schlug sie sie wieder zu.

Himmel! Eine Orientierung war nicht mehr möglich. Als ehemalige Krankenschwester wusste sie, dass schon bei zwei Atemzügen eine tödliche Rauchvergiftung entstehen kann. Also nahm sie geistesgegenwärtig einen Mantel und ihr Telefon, um die Feuerwehr zu verständigen. Aber da hörte sie Sirenen, offenbar hatte schon jemand den Notruf getätigt.

Und dann: folgten die wohl denkwürdigsten Adventssamstags-Minuten ihres langen Lebens. Sie stand auf ihrem Balkon im 2. Stock direkt über dem Eingangsbereich des Seniorenheims, während unten die Rettungsaktion lief. „Komischerweise hatte ich gar keine Angst", erzählte sie später. „Ich war einfach begeistert, mit welcher Professionalität dort unten und im Haus gearbeitet wurde. Erst als direkt an der Eingangstür unter mir jemand zur Reanimation auf den Boden gelegt wurde, erkannte ich den Ernst der Lage."

Feuerwehr, Polizei, Rettungswagen, Rotes Kreuz, Notfallseelsorger, ein Evakuierungsbus – tags drauf stand in der Zeitung, dass 140 Rettungskräfte im Einsatz waren. Durch den voll verrauchten Flur konnte niemand mehr so einfach evakuiert werden. Also versuchte die Feuerwehr, die Bewohner über die Balkone zu erreichen und per Leiterwagen ins Erdgeschoss zu bringen. Auch bei Florentine hielt der Rettungskorb, aber die Brüstung war viel zu hoch, der Winkel zu ungünstig, das fiel definitiv aus. „Machen Sie sich keine Sorgen. Ich habe Sie im Blick, und wir werden Sie doch vom Treppenhaus aus evakuieren."

Die beruhigende Art und Kompetenz des Feuerwehrmanns wirkte: Florentine blieb weiterhin erstaunlich gelassen und zuversichtlich, dass sie heil aus dem Unglück herauskommen würde. Über die Wohnsituation nach so einer Katastrophe machte sie sich noch gar keine Sorgen.

Kurze Zeit später kam der Feuerwehrmann über die Drehleiter im Rettungskorb wieder zurück, stieg zu ihr auf den Balkon, half ihr, eine kleine Tasche mit dem Nötigsten zu packen, schärfte ihr nochmal ein, bloß nicht im Flur zu atmen – da packten sie auch schon zwei seiner Kollegen in voller Schutzmontur unter die Arme und geleiteten sie schleunigst zum Treppenhaus, das dank der Brandschutztüren relativ sicher war.

Im Erdgeschoss waren alle Bewohner und Mitarbeiter versammelt, mehr oder weniger unter Schock. Es gab Tee und ein geschäftiges Treiben, weil alle Nachbarn aus dem vom Brand direkt betroffenen Stockwerk woanders unterkommen mussten. Florentine rief bei ihrer Tochter an, die in der gleichen Stadt wohnte – niemand zu erreichen. Also hinterließ sie nur eine Nachricht auf dem Anrufbeantworter.

Als die Tochter gegen 23 Uhr zurückrief, war Florentine schon für ein anderes Seniorenheim eingeteilt, wo zumindest für ein paar Tage Zimmer zur Verfügung standen. Auch hier war sie fasziniert und dankbar, wie die Krisenstellen von Stadt und Feuerwehr in Windeseile alles in die Wege geleitet hatten. In ihrem Nachtquartier wurde sie ebenfalls sehr fürsorglich empfangen. Es gab noch einmal ein Süppchen, und dank der mitgebrachten Schlafmittel konnte sie tatsächlich ein wenig Ruhe in der fremden Umgebung finden.

Am nächsten Morgen wurde sie per Taxi zurückgebracht und erfuhr: Das wird jetzt erstmal nichts mit dem Heimkommen in die eigene Wohnung. Die Mitarbeiter durften den Bewohnern des betroffenen Stockwerks noch etwas Kleidung, Medikamente etc. holen, und dann ging es weiter zum Haus ihrer Tochter mit Familie. In den Arm genommen werden, Tee trinken, erzählen: In der geschützten und vertrauten Umgebung spürte sie dann doch, dass ihr der Schreck ganz gehörig in den Gliedern saß. Sie begann innerlich zu zittern, hatte Schüttelfrost und war froh, sich hinlegen zu können, um zu verschnaufen.

Im Internet war derweil schon ein 20-minütiger Film zu sehen zu dem Unglück auf einem der Video-Kanäle über „Einsatzfahrten in NRW", darin konnte man tatsächlich Florentine auf dem Balkon neben ihrem kleinen beleuchteten Tannenbäumchen erkennen! Der im Film interviewte Einsatzleiter sagte aus, dass der zweite Stock nicht mehr bewohnbar sei, dass es mindestens ein Todesopfer gäbe sowie mehrere Verletzte, die wegen schwerer Rauchgasvergiftungen in Spezialkliniken ausgeflogen wurden. Das Ganze ging bundesweit durch die Nachrichtendienste. Brandherd war wohl ein Topflappen auf der noch heißen Herdplatte – das kann wirklich jedem passieren! Die Frage, wann bzw. ob überhaupt eine Rückkehr möglich sei, war auch nicht geeignet, um Zuversicht zu säen! Als tags darauf die Information von der Hausverwaltung kam, man sei schon froh, wenn alles innerhalb von sechs Wochen über die Bühne ginge, suchte Florentine mit der Familie nach weiteren Lösungen, denn sie war keine Treppen mehr gewohnt und konnte maximal zwei bis dreimal am Tag vom Erdgeschoss bis zum Gästezimmer im ersten Stock steigen. Zu mehr reichten die Kräfte einfach nicht!

Doch erstmal gab es eine kleine improvisierte Überraschungsparty. Für Dienstagabend hatte die Familie Nachbarn eingeladen. „Wir wollten einfach helfen, dass Florentine sich wirklich willkommen fühlt und in der direkten Umgebung mehr Bekannte hat, vor allem für die Tage, an denen wir beruflich unterwegs sind", so ihre Tochter.

Und Florentine: machte das Beste draus. Sie saß im Wohnzimmer lesend im Schaukelstuhl, ließ sich die Freude aufs Weihnachtsfest nicht nehmen, telefonierte mit ihrem Neffen, der ebenfalls besorgt war und sogar finanzielle Unterstützung anbot. Noch war ja unklar, ob die Teppiche, Gardinen, Kleidung etc. wegen der Rauchbelastung ersetzt werden müssten. Immerhin waren durch die Rauchschwaden die Wände und Böden im Hausflur komplett schwarz, und die Hausverwaltung hatte angekündigt, dass ein Chemiker jede einzelne Wohnung auf Gesundheitsbelastungen überprüfen würde. Der Neffe bat also inständig darum, aus der Ferne wenigstens per Überweisung unterstützen zu dürfen. Schließlich sei Florentine seine einzige noch lebende Verwandte aus seiner Elterngeneration, und es solle ihr an nichts fehlen.

Nach einigem Zögern nahm Florentine das Geschenk an. Und so landete noch vor dem Weihnachtsfest ein feines Sümmchen auf ihrem Konto – viel mehr als angekündigt und ein wunderschönes Symbol für die Zuneigung des Neffen und seiner Frau. Als im Jahr darauf weitere altersbedingte Anschaffungen wie ein Rollator usw. nötig wurden, war dies ein sehr beruhigendes Polster!

Mittlerweile war es Donnerstag, der 22. Dezember, und die Hausverwaltung lud zu einer Informationsveranstaltung am Nachmittag ein. Im zweiten Stock wurde noch rund um die Uhr renoviert, aber der Chemiker hatte bereits grünes Licht für einige wenige Wohnungen gegeben. Und Florentines Stübchen war dabei! Den Heiligen Abend verbrachte sie bei der Familie, aber am Morgen des ersten Weihnachtstages durfte sie endlich zurück nach Hause und schlief erstmal stundenlang, um die ganze Aufregung zu verarbeiten.

Ein Jahr später, bei einem Gesellschaftsspiel mit Namen „best moments", in dem es darum geht, sich an gute Momente im Leben zu erinnern, lächelte Florentine: „Dieses Erlebnis war für mich voller ‚best moments'! Das professionelle Handeln der Rettungskräfte, die Erfahrung des Aufgehobenseins in der Familie, das überraschende Geschenk vom Neffen, die Großzügigkeit der Versicherung, die Fürsorge seitens der Mitarbeiter in den beiden Seniorenheimen – auf eine Art war ich nach diesem Unglück reicher als zuvor! Natürlich wünscht man das niemandem, und ja, ich hatte in den Monaten danach mehrere gesundheitliche Krisen, die laut meiner Ärztin auch mit der Aufregung bei dem Brand zusammenhängen könnten. Schließlich sind ja insgesamt drei Nachbarn dabei zu Tode gekommen, und das hat uns alle erschüttert. Aber ich fühlte mich wirklich zutiefst gerührt und getragen durch die Anteilnahme und Unterstützung von vielen Menschen.

Es klingt seltsam und doch: Das war eines der schönsten Weihnachtsfeste meines Lebens!

WARUM ICH – NICHT?

Warum sollte ich verschont bleiben?
Es trifft so viele
auf dem Weg,
der so lang ist
und so weit.

Es kommt,
unerwartet,
ungeplant,
ungefragt.

Warum sollte ich kein Glück haben?
Es begegnet so vielen
auf dem Weg,
der so lang ist
und so weit.

Es kommt,
wie es kommt,
ob ich bereit bin oder nicht.

Petra Stadtfeld

Ich sitze am Boden. Erschüttert. Nur nicht bewegen! Der Krankenwagen wird gleich kommen. Ein Bauer und seine Kinder stehen hinter mir. Unten am Ende einer steilen Abfahrt im Siebengebirge. Neben dem Schild, dem einzigen auf Hunderten von Metern, das ich genau getroffen habe. Nicht anfassen! Ich weiß: Da ist richtig was kaputt gegangen. Arm, Schulter, Brust.

Die kleine Tochter des Bauern kommt zu mir und legt mir sanft eine Decke um. „Hier, damit du nicht kalt wirst!" Die Zuwendung tut gut, die Stimme, die Wärme der Decke. Ein Glück: Der Bauer lässt mich sitzen. Kein Tasten, kein Erste-Hilfe-Aktivismus. Er spricht mit mir. Verspricht, das Fahrrad zu sichern und bei meiner Frau anzurufen. Tut er auch verlässlich. „Ihr Mann konnte selbst noch in den Krankenwagen steigen", wird er ihr sagen. Kein Zeitgefühl. Aber ich merke, wie die Umstehenden nervös werden, dass der Wagen so spät kommt. Ein Fahrradfahrer fährt zur nächsten Kreuzung. Winkt den vorbeifahrenden Wagen herbei.

Die Notärztin nett und professionell. „Können Sie aufstehen?" „Nein! Aber nicht anfassen!" Keine Ahnung, wie ich hochgekommen bin. Gute Griffe! Im Wagen fragt der Fahrer, ob's losgehen kann. „Nein!" Die Notärztin. Ganz entschieden.

Erst noch was machen, sonst kommt dieser Patient nicht an. Sie misst mit zwei Fingern Abstände auf meinem Brustkorb. Will mit einer Spritze zwischen den Rippen durchstechen. „Aber da ist doch die Lunge?" „Nein, jetzt nicht mehr …", sagt sie und erklärt: Lunge verletzt, Druckabfall, sie zieht sich zusammen. „Wollen Sie etwas gegen die Schmerzen?" Und ob! Es wirkt so gut, dass ich die erste Krankenwagenfahrt meines Lebens trotz Blaulicht verschlafe.

OP, CT, Intensivstation. Neben der Lunge einige Brüche: Schlüsselbein, drei Rippen, Brustbein und ein Totalschaden am Schulterblatt. Nach dem Aufwachen Telefonat mit meiner Frau. „Mach dir keine Sorgen!" Leicht gesagt. Schlafen mit Hilfe einer Schmerzmittel-Kanone neben dem Bett. Ganz weit unten! Reisepläne vergessen. Arbeit abhaken, Triathlon auch. Warten! Wie ein Reset.

Nullpunkt.

Nach zehn Tagen schon wieder zu Hause. Gefühlt einarmig. Leben mit Einschränkungen. Liegen tut weh. Schuhe zubinden unmöglich, Hemden anziehen schwierig, Knöpfe gehen gar nicht. Mein persönliches Reha-Programm beginnt: Täglich ins Warmwasserbecken. Schwimmen ist zwar unmöglich, aber Schweben geht. Ich genieße die Schwerelosigkeit. Nur hier hängt der linke Arm nicht einfach nur runter. Wassertherapie. „Mach!

Das ist gut", sagt meine Krankengymnastin. „Du spürst genau, was dir guttut und was nicht." Sechs Wochen nur leichte Bewegung. Dann kleine Schaumstoffteile, groß wie Zigarettenschachteln unter Wasser drücken. Maximalkraft vielleicht 100 Gramm. Nach sechs Wochen wieder bei der Arbeit, aber jeden Tag nicht ohne einen Umweg durch warmes Wasser. Nach acht Wochen sind die Knochen immer noch nicht richtig zusammengewachsen. Der Arzt empfiehlt trotzdem weitere sanfte Bewegungen. Nach sechs Monaten eine offizielle Reha für drei Wochen. Nach einem Jahr endlich mein erster Triathlon, vorsichtig und noch ziemlich langsam. Aber es geht voran!

Ich lerne: Mein Leben hängt zuweilen an aufmerksamen Bauernfamilien, sie gaben den Notruf ab und zeigten mir Zuwendung. An beherzten Ärztinnen und an Krankengymnastinnen, an aufmunternden Besuchen von Familie und Freunden und an professionellen Reha-Angeboten – und es hängt immer auch von mir ab, nicht aufzugeben und das Beste, das Möglichste aus dem Leben zu machen ...

Ich bin rausgefallen aus dem Alltag und lange nicht zur Normalität zurückgekehrt. Meine Haltung zur Arbeit, zu Kollegen, zum Leben hat sich verändert. Oft beginnt mein Arbeitstag nun am Arbeitsort Köln mit einem Sonnenaufgangslauf am Rhein. Draußen sein und Bewegung haben, dabei denkt es sich am besten. Ich plane ein Sabbat-Halbjahr, um zu entscheiden, was ich mit dem Rest meiner Lebensarbeitszeit noch anstellen kann.

Vielleicht wäre der Plan auch ohne „Nullpunkt" in mir gereift. Aber der Unfall und das lange Gesundwerden haben mich neu sensibel werden lassen für meine innere Stimme, meine Wünsche und meine Werte.

Theo Dierkes

TROTZ ALLEM

es ist ein wunder
dass ich
lebe
dass ich
atme
fühle
bin
dass ich
denke
gehe
mache
es ist ein wunder
dass ich lebe
trotz allem

Beate Schlumberger

DER ITALIENISCHE PATIENT

Vor langen Jahren arbeitete ich im Besuchsdienst auf der Herz- und Nierenstation eines großen Krankenhauses. Viele Patienten kamen langfristig und regelmäßig für ein paar Tage im Rahmen ihrer Dialyse-Behandlungen, und so ergaben sich mit der Zeit immer vertrautere Gespräche. Mit einem italienischen Patienten hatte ich mich besonders angefreundet und war regelrecht traurig, als ich aufgrund neuer beruflicher Verpflichtungen dieses kleine Ehrenamt aufgeben musste.

Während einer Dienstreise erhielt ich einige Zeit später unverhofft einen Anruf von der Station: Der Gesundheitszustand von Herrn P. hatte sich dramatisch verschlechtert. Er wollte mich noch einmal sehen, um sich zu verabschieden. Ich rief zurück und war überrascht: Seine Stimme klang wohlgemut und kräftiger als erwartet. Der Patient erzählte, es ginge ihm schon wieder besser, vor allem, weil er Besuch von Verwandten aus Italien bekommen hatte. Mit einigen von ihnen hatte er sich in früheren Jahren italienisch-temperament-voll gestritten, und der Kontakt war quasi abgebrochen. Doch nun habe er sich mit allen versöhnen können. In seinem Herzen war ein ganz neuer Friede und eine große Dankbarkeit über sein wenn auch krankheitsgeprägtes Leben eingekehrt. Nichts-destotrotz wollte er mich gern wiedersehen und schlug den darauffolgenden Montag um 15 Uhr vor: „Kommen Sie doch einfach zum Kaffee!"

Nach der Rückkehr von meiner Dienstreise rief ich am Wochenende auf der Station an, um mich zu vergewissern, dass der Patient noch dort war. Und ich erfuhr, dass er zwei Tage nach unserem Telefonat friedlich eingeschlafen und verstorben war: Die Beerdigung war für Montag um 15 Uhr angesetzt!

Da er mich ja quasi persönlich eingeladen hatte, ging ich also zum Friedhof statt ins Krankenhaus. Die deutsch-italienische Trauergemeinde hieß mich gerührt willkommen, denn Herr P. hatte in seiner Familie manches Mal von unseren Begegnungen erzählt. Gemeinsam staunten wir: Kann ein Mensch wirklich so punktgenau wissen, wann der Abschied ansteht? Die Angehörigen fanden es tröstlich, dass es bei Herrn P. offenbar eine solche Ahnung gab. Und da er in seinen letzten Tagen noch so einen gelösten, frohen Zustand erreicht hatte, war auch die Trauerfeier voll inniger Momente und heiterer Geschichten über alte Zeiten.

Schön, dass ich dabei sein durfte!

Margarete Catharina Scheuvens

Ich bin nur in das Zimmer nebenan gegangen.
Ich bin ich, ihr seid ihr.
Das, was ich für dich war, bin ich immer noch.
Gib mir den Namen, den du mir immer gegeben hast.
Sprich mit mir, wie du es immer getan hast.
Gebrauche nicht eine andere Lebensweise.
Sei nicht feierlich oder traurig.
Lache weiterhin über das,
worüber wir gemeinsam gelacht haben.
Ich bin nicht weit weg,
ich bin nur auf der anderen Seite des Weges.

Fritz Reuter

SIE HABEN NOCH SECHS WOCHEN ZU LEBEN!

Vor einigen Jahren haben mein Mann und ich einen zweiten Versuch gewagt, um argentinischen Tango tanzen zu lernen. Als wir uns nach einem ermutigenden Start in der Tanzschule in die etwas freiere Szene der sogenannten „Milongas" wagten, fiel uns bald ein Paar auf, das sich besonders innig über die Tanzfläche bewegte. Die Frau – ich nenne sie Lucia, „die Leuchtende" – war stets sehr geschmackvoll gekleidet, und beide strahlten einfach etwas sehr Freundliches aus.

Über die Monate entstand eine schöne Freundschaft. Eines Abends fiel mir an Lucias Dekolleté ein „Port" unter der Haut auf – ein Zugang für Medikamente bei der Chemotherapie. Himmel! Lucia erzählte kurz von ihrer gesundheitlichen Situation, und ich zitterte innerlich, als sie von der drastischen Prognose erzählte, die der Arzt ihr erteilt hatte: „Sie haben noch sechs Wochen Zeit, bevor der Krebs zurückkommt." Aber: Das war inzwischen vier Jahre her!

Natürlich war ich sofort interessiert zu hören, wie sie mit einem solchen Schicksalsschlag umgegangen war. Wir trafen uns zu einem langen Spaziergang und sie berichtete. Ich bewunderte sie zutiefst: ihre Demut und ihren Mut – und die Entschlossenheit, mit der sie sich gegen die gängigen Begriffe in dem Zusammenhang wehrte. Man muss „den Krebs bekämpfen", heißt es oft, oder jemand „hat den Kampf gegen die Krankheit verloren" – als hätte ein Mensch, der trotz Krebs noch lange lebt, etwas besser gemacht als ein anderer, der daran stirbt! Als müsse man sich zusätzlich noch vorwerfen, wenn die Tumormarker steigen, oder wenn man einfach keine Kraft hat, auf eine Heilung oder zumindest Besserung zu hoffen. „Im Grunde geht es im Leben eher darum, einen individuell passenden und freundlichen Umgang mit dem zu finden, was das Schicksal uns bringt", meint Lucia.

Sie habe in den für sie besonders stärkenden und hilfreichen hypnotherapeutischen Sitzungen und tiefen Meditationen gelernt, mit den Krebszellen zu sprechen, so in Richtung „Hey Jungs, ihr dürft gern bleiben, aber treibt es nicht zu doll! Wenn ihr mich zu sehr schwächt, entzieht ihr euch doch selbst die Lebensgrundlage! Also: Besser alles schön piano!"

Doch zurück zum Anfang: Schon 2012 gab es bei Lucia zwei erste krebsbedingte Operationen. In den Monaten danach fühlte sie sich gut, Nachsorgetermine waren nicht so viele vorgesehen, aber irgendwann wurde sie erneut bei einem Arzt vorstellig. Unter anderem, weil ihr aufgefallen war, dass ihr Hund vermehrt an ihr schnupperte: merkwürdigerweise an der Stelle, an der die Leber sitzt.

Und dann kam das verheerende Untersuchungs-ergebnis: vier große Metastasen in der Leber! Die folgenden zwei Wochen, in denen man prüfte, ob eine weitere OP überhaupt noch Sinn machen wür-de, waren schrecklich.

Glücklicherweise entschieden sich die Ärzte doch für einen Eingriff, und im Anschluss gab es mehrere Chemotherapien und eine Reha-Maß-nahme. Dort fiel dann der bereits erwähnte nie-derschmetternde Satz, dass sie aus medizinischer Sicht trotz aller bisherigen Bemühungen nicht mehr lang leben könne. Mittlerweile hatte sie sich als medizinischer Laie schon durch das Internet und entsprechende Fachliteratur „gekaut". Es war ein mühseliges Unterfangen, denn sie musste fast jedes zweite Wort nachschlagen, um die in ihrer Ausformung recht aggressive Krebsvariante über-haupt zu verstehen.

In ihren Recherchen war sie auf einen interna-tional sehr renommierten und spezialisierten Pro-fessor gestoßen, der – glückliche Fügung? – just zu der Zeit in ihrer Reha-Klinik eine Stelle antrat und sie über eine Stunde lang beriet. Zuhörte, abwäg-te, sie zu ermutigen versuchte. Als sie ihn nach der Prognose befragte, staunte sie nicht schlecht, als er sagte: „Naja, die Chancen liegen 50:50."
„Wie kann das sein?", fragte sie weiter. Wenn ich Ihre Studien und Statistiken richtig verstehe, lie-gen meine Überlebenschancen doch höchstens

bei 10 bis 15 Prozent?" „Ach", erwiderte der Arzt, während er plötzlich etwas nervös an seinen Ohrläppchen und Haaren zupfte. „Da spielen immer Hunderte von Faktoren eine Rolle. Wer will das schon so genau sagen können?" Da wusste Lucia: „Der flunkert mich an!" Und entschied: „Wenn er mir als Koryphäe auf dem Gebiet diesen Strohhalm anbietet, dann halte ich mich jetzt einfach daran fest!" Und sie bohrte nicht weiter nach.

Stattdessen begann sie, von Tag zu Tag und Woche zu Woche zu schauen, was hilfreich sein und was anstehen könnte. Und da kam der Tango ins Spiel: Ihr Mann und sie waren wild entschlossen, die womöglich kurze verbleibende Zeit miteinander so gut es ging zu genießen. Sie suchten sich einen Tanzlehrer. Ich konnte an Lucias Erzählfluss merken, dass hier etwas Besonderes passiert war. Denn nachdem sie die ganze Zeit eher suchend, ernst und langsam gesprochen hatte, blühte sie beim Thema „Tango tanzen" erneut auf. Als sie ihrem Mann zum ersten Mal im Tango-Unterricht gegenüberstand, stellte sie überglücklich fest: „Jetzt habe ich meinen Körper wieder!"

Gleichzeitig spürte sie Dankbarkeit für die tiefe Verbundenheit mit ihrem Partner. Beide durchlebten ein wildes Durcheinander der Gefühle wie Liebe, Sehnsucht, Hoffnung und Verzweiflung. Diese Momente machten ihnen erneut bewusst, wie kostbar ihnen ihre Beziehung war und dass sie nichts unversucht lassen würden, um Lucias Gesundheit zu stabilisieren. Darunter fiel auch die ein oder andere Klärung im Familien- und Freundeskreis, die Entwicklung einer neuen beruflichen Vision und eine hypnotherapeutisch ausgerichtete Wegbegleitung, in der Lucia weiter lernte, ihrer inneren Weisheit und Weisung zu vertrauen.

Die Psychotherapie hätte sie an sich gar nicht beginnen wollen, aber: „Alle Ärzte reagierten gleich mit Panik, wenn sie in meinen Krankenblättern lasen. Wegen jeder kleinen, schon längst medizinisch abgeklärten körperlichen Auffälligkeit wurde ich wieder ins MRT gesteckt, um weitere Metastasen auszuschließen. Damit kam ich nicht zurecht! Und immer diese Aufregung bei den dreimonatigen Nachuntersuchungen ... dafür brauchte ich Unterstützung."

Und trotzdem: ganz Realistin, sagt Lucia, dass sie ja nie sicher sein kann, ob der Krebs nicht tatsächlich wieder aufflammt. Und ist immens dankbar für die Monate und Jahre, die ihr seit der Diagnose geschenkt worden sind. Dankbar für die vielen schönen, neuen Dinge, Erlebnisse und Beziehungen, die ihren Alltag heute ausfüllen.

Mit ihrem Mann erfüllte sie sich eines Tages einen Traum: eine Reise nach Lateinamerika, bei der sie während der vier Tage Aufenthalt in Buenos Aires nichts von den touristischen Sehenswürdigkeiten der Stadt mitbekamen. Stattdessen tanzten sie die Nächte durch die argentinischen Tango-Bars und ruhten sich tagsüber aus!

Um auf Lucias Hund zurückzukommen, der immer so auffällig an ihr schnupperte, wenn der Krebs gestreut hatte: Er ist mittlerweile gestorben. Manchmal erscheint er Lucia gemeinsam mit dem Tod im Traum oder in der Meditation. Seit etwa zwei Jahren sehen beide dabei immer beruhigend und freundlich aus und spiegeln damit die aktuell guten Untersuchungsergebnisse.

Mögen diese inneren und äußeren Botschaften Lucia weiter stärken und ihr helfen, ihren Alltag mit Freude und Zuversicht zu gestalten! Frei nach dem Motto: „Träume nicht dein Leben, lebe deinen Traum!"

Musik und Rhythmus finden ihren Weg
zu den geheimen Plätzen der Seele.

Platon

WUNDER

Durch die Angst hindurch
leuchten
die Farben des Lebens
bunt und schön

Durch die Tränen hindurch
glänzt und blüht
die Hoffnung

Mitten im Schmerz
feiern wir
das Leben
Das Wunder gewinnt Raum

Christine Ruppert

Himmels-Gaben

Vom Wunder
des Glücks

GLÜCK GEHABT?

Ich habe immer Glück gehabt, wenn auch oft Glück im Unglück.

Es war im Jahre 1964, als ich zusammen mit Vertretern von zwei anderen Firmen im schwäbischen Allgäu zu Vorführungen landwirtschaftlicher Maschinen und Traktoren mit unserer Graben-Ziehmaschine unterwegs war. Wir hatten guten Erfolg. Es war Freitagnachmittag, als meine Kollegen mit unseren Maschinen in Richtung Ulm zum Vorführort losfuhren. Ich sollte mit einem PKW nachfolgen, und wir wollten uns in Ulm wieder treffen.

Ich hatte mein Gepäck dabei, die Lautsprecheranlage, Prospekte und Ersatzteile. Es war schon dämmrig, als ich startete. Ich hatte es eilig. Ein paar Kilometer vor Illertissen war die Straße neu gebaut und Rollsplitt gestreut. In der Dunkelheit war das jedoch nicht zu erkennen. Schnurgerade Straße, ein PKW vor mir. Ich setzte zum Überholen an, als das linke Hinterrad von der Straße abkam und das Auto regelrecht abhob. In dem Moment wurde mir blitzartig klar, dass ich sterben würde. Angst hatte ich keine. Was dann passierte, weiß ich nicht. Um mich wurde es ruhig, einfach nur ruhig. Einige Szenen aus meinem Leben kamen mir in den Sinn. Dann sah ich blaues Leuchten vor mir, das immer heller wurde, weit weg, helles

Licht. Ich weiß nicht, ob ich selbst mich bewegte oder ob das Licht auf mich zukam.

Plötzlich stand ich hellwach auf einer Wiese am Ufer der Iller. Vor mir mein Auto, halb im Wasser, das Heck war nicht mehr zu sehen. Das Vorderteil hing irgendwo fest, die Frontscheibe war eingedrückt, das Dach ebenso, kurz: Es war ein Wrack.

Das Auto muss abgeschleppt werden, dachte ich bei mir. Also machte ich mich zu Fuß in Richtung Illertissen auf. Beim ersten Haus klingelte ich und erzählte, dass ich einen Unfall gehabt hätte und einen Abschleppwagen bräuchte. Die Leute halfen mir, und der Abschleppwagen wurde gerufen. Erst da bemerkten meine Gastgeber und ich, dass ich keine Schuhe mehr trug. Ich hatte damals einen dunkelbraunen Anzug an, weißes Hemd, blaue Krawatte und schwarze Schnürschuhe, aber die fehlten.

Als ich zu meinem Auto zurücklief, kam mir schon die Polizei entgegen mit Scheinwerfern und Taschenlampe, denn mittlerweile war es dunkel geworden. Ich fragte sie, was sie denn suchen würden. Es habe da einen schweren Unfall gegeben, sagten sie mir, und sie suchten nach dem Fahrer. Erst als ich meine Papiere zeigte und auf die verlorenen Schuhe verwies, glaubten sie mir und baten mich, am nächsten Morgen auf der Dienststelle zu erscheinen. Auch die Schuhe fanden sich wieder – die Schleifen waren immer noch akkurat geschnürt.

Als ich mich am nächsten Morgen auf der Polizeidienststelle meldete, glaubte kaum einer, dass ich der Fahrer gewesen war. Alle kamen heraus und zeigten mir das Wrack. Die Türen waren festgeklemmt, die Scheiben teils zerstört, die Frontscheibe fehlte ganz, dafür war das Dach so eingedrückt, dass kein Mensch hätte vorne herauskriechen können. Es sah schlimm aus, Totalschaden!

Die Frau, die den vorausfahrenden PKW gefahren hatte, war als Zeugin benannt und berichtete, dass sie nur einen dunklen Schatten an sich hatte vorbeifliegen sehen. Das Auto hätte sich drei- bis viermal überschlagen, sei dann in die Wiese geschleudert, seitlich gegen einen Baum geprallt und dann rückwärts in die Iller gerutscht.

Alle auf der Dienststelle waren sehr freundlich zu mir, boten mir Kaffee an, und dann sollte ich in Ruhe noch einmal erzählen, was passiert war. Man gab mir die Papiere zurück, Fahrzeugschein, Führerschein, Ausweis und wünschte mir alles Gute. Ich bedankte mich, schritt zur Tür, da sagte jemand: „Wir haben selten Besuch von Engeln!"

Dieser Satz hat sich tief in mir eingegraben. Ebenso wie das Todeserlebnis: Mir wurde erst sehr viel später bewusst, dass ich neu geboren war. All das hat mein späteres Leben, meine Einstellungen, meine Seele sehr geprägt. Als Clou erhielt ich einige Wochen später eine Anzeige wegen innen abgefahrener Vorderreifen.

Leo Nesbe

DEIN ENGEL

Dein Engel schaut
er redet nicht
stellt keine Unnützfragen –
doch in Gefahr
hält er dich fest –
er wird dich tragen

dein Engel wacht
er drängt dich nicht
will dich in Freiheit lassen –
Doch gibt er Acht –
sieh hin:
er wandert deine Straßen

Regina Giese

John, ein Amerikaner, arbeitet heute an einer österreichischen Universität. Zur Zeit des Vietnamkrieges lebte er jedoch in den USA und war im wehrfähigen Alter. Nachdem schon einige Gräueltaten von beiden Kriegsparteien bekannt geworden waren, wurde er wie befürchtet zur Musterung einberufen. Kerngesund und sportlich war er im Grunde ein idealer Kandidat für die Army. In ihm sträubte sich jedoch alles dagegen, in den Krieg zu ziehen, zumal das ganze Vorgehen seinen politischen Überzeugungen widersprach.

Zwar gab und gibt es ja allerlei Tricks, die gesundheitliche oder psychische Tauglichkeit bei der Musterung schlechter darzustellen als sie ist, doch das erschien John nicht rechtmäßig. Zudem wollte er nicht riskieren, aufgrund von Täuschungsmanövern aufzufallen und bestraft zu werden. Schweren Herzens machte er sich also auf den Weg zur Kaserne.

Was er nicht ahnte: Die ganze Prozedur war schon so angelegt, als wolle man gleichzeitig prüfen, ob die potentiellen Soldaten „hart genug im Nehmen" seien. Kurzum: Ton und Umgang waren rau, und ein Sergeant brüllte ihn dermaßen zusammen, dass es John buchstäblich die Sprache verschlug. Als er zur Einzeluntersuchung hineingerufen wurde, konnte er nur noch stotternd antworten. Natürlich war ihm das Stottern abgrundtief peinlich! Und es versetzte ihn zusätzlich in Panik, weil ihm so etwas noch nie passiert war und er das Gefühl hatte, nicht mehr Herr seiner Sinne zu sein. Aber so sehr er sich auch bemühte, er bekam kaum einen „geraden" Satz hervor. Schließlich stufte ihn der Arzt als dienstunfähig ein. Er wurde ausgemustert.

Wieder daheim, dauerte es eine ganze Weile, bis John Erleichterung und Freude darüber empfand, dem Soldatenschicksal entronnen zu sein, denn das Stottern blieb zunächst. Erst mit der Zeit wurde es schwächer und zeigt sich heute, Jahrzehnte später, nur noch, wenn er sich über etwas sehr ärgert oder aufregt.

Doch was ist so eine kleine Einschränkung gegen die schweren posttraumatischen Belastungsstörungen oder Verletzungen, unter denen ehemalige Kriegsteilnehmer auf der ganzen Welt leiden? Möglicherweise hat das plötzliche Stottern John auf eine Art das Leben gerettet. Wie ein guter Freund, der im letzten Moment dazwischen springt, bevor jemand auf der Straße von einem Auto erfasst wird.

NICHT VERGESSEN

Wunder
kommen auch heutzutage
noch
frei Haus,
und sehen oft
ganz und gar
anders aus.

Isabella Schneider

BEHÜTET

Es geschah im Jahr 1951, kurz nach dem Krieg. Adele hatte als eine der ersten Frauen über das evangelische Studienwerk ein Begabtenstipendium erhalten, um Medizin zu studieren. Darin integriert war das Konzept, die jungen Stipendiaten nicht nur im Rahmen ihres Fachgebietes zu beschäftigen, sondern auch beim Wiederaufbau des Landes helfen zu lassen, damit sie die „normale" Arbeitswelt kennenlernten.

Zusammen mit einer Kommilitonin wurde sie zu einem großen Stahl- und Hüttenwerk im Ruhrgebiet abgeordnet. Aufgrund des „Männermangels" nach dem Krieg mussten die Frauen dort körperlich sehr schwere und gefährliche Arbeit übernehmen. Konkret bedeutete das, für die 6-Uhr-Schicht im Werk morgens um 3:30 Uhr aufzustehen, zu Fuß und mit der Straßenbahn lange unterwegs zu sein, dann den „Blaumann" anzuziehen und mit etwa zehn anderen Frauen in einer riesigen Halle zu arbeiten. Mehrere Güterzüge durchfuhren die Halle, um die sogenannten Stahlprügel anzuliefern. Eine Aufgabe bestand darin, die Kokillen, also wiederverwendbare Formen zum Gießen von Metallen, zu schleifen. Die Frauen waren von oben bis unten schwarz vom Stahlstaub, es war eisig kalt in der Halle, und neben jedem Arbeitsplatz stand ein Kohleofen. Tischgroße Elektromagnete fuhren an Stahlträgern und langen Ketten an der Decke durch die Halle, um die immens schweren Werkstücke zu transportieren.

Es gab häufig Unfälle, denn der Funkenflug verursachte leicht Verbrennungen. An dem besagten Tag war Adele schon ein Eisenstück auf den Fuß gefallen. Der Sanitäter, damals „Heildiener" genannt, hatte ihr geraten, Pause zu machen und sich erst einmal von dem Schrecken zu erholen. Doch sie war wie die anderen kriegs- und Leid erprobten Arbeiterinnen „hart im Nehmen" und ging zurück an ihren Platz.

Zwei Stunden später dann plötzlich ein lauter Knall und der Aufschrei vieler Frauen: Die Stahlträger, an denen die riesigen Magnete durch die Halle fuhren, waren irgendwie aneinandergestoßen. Einer der Magnete fing an, unkontrolliert an der Kette weiter zu schwingen und sauste direkt hinter Adele vorbei, im Grunde mitten durch ihren Arbeitsplatz. Wäre sie dort gerade mit Schleifen beschäftigt gewesen, hätte der Magnet sie meterweit durch die Halle geschleudert. Er hätte sie fast sicher tödlich verletzt, wenn der Kopf getroffen worden wäre. Aber sie hatte gerade in dem Moment einen Schritt nach vorn gemacht, um den Schürhaken vom Kohleofen wieder zurückzulegen. „So sauste der Tod eine Handbreit hinter mir vorbei", erzählte sie später.

Wunder? Zufall? Glück? Für Adele bekam der berühmte Psalm 91 durch dieses Erlebnis eine sehr persönliche Note: „Denn Er hat Seinen Engeln befohlen, dass sie dich behüten auf allen deinen Wegen." Erst im Nachhinein fiel ihr ein, dass es ja an dem Morgen bereits den Unfall mit ihrem Fuß gegeben hatte und dass sie, sofern sie den Rat des Sanitäters befolgt hätte, der Gefahr ebenfalls entronnen wäre. Ihr Schutzengel hatte an diesem Tag alle Hände voll zu tun.

„Es geschieht nichts ohne Sinn", diese Haltung hat sie für ihr Leben geprägt.

DER SCHUTZENGEL

vor deiner Tür
steht er
siehst du ihn

alle deine Wege
begleitet er
hörst du seine Schritte

spürst du seinen Atem
stets neben dir
wachsam aufmerksam

der treue Schutzengel
dessen Kraft
in deinem Glauben ruht

fühlst du
seine
tragenden Flügel

Helena Aeschbacher-Sinecká

VERLETZLICH

Wie schnell sich Dinge ändern können,
wie verletzlich wir sind ...
Ein unbedachter Moment wendet das Blatt
vom Licht in die Nacht,
wirft das Leben aus der Bahn,
entzieht uns den Boden unter den Füßen
und jegliche Erdung.
Wurzeln zeigen gen Himmel,
Dämme brechen, Flüsse treten über die Ufer.
Wie verletzlich wir sind ...
Wir müssen achtgeben auf uns
und auf die, die uns lieb sind;
müssen hören auf die leisen Zwischentöne,
auf das, was uns im Augenwinkel begegnet.
Wir müssen sie rechtzeitig wecken,
unsere Schutzengel, und hoffen, sie sind da,
wenn wir gehen auf dem Grat

Silvia Droste-Lohmann

MAALULA EXIT

Anfang der Neunziger Jahre reiste ich für drei Wochen nach Syrien. Als Theaterregisseur war ich immer auf der Suche nach guten Geschichten, die ich für meine Probenarbeit verwenden wollte.

Es ist sechs Uhr morgens. Ich befinde mich im Qalamun-Gebirge, 56 Kilometer nordöstlich von Damaskus auf dem Weg nach Maalula. Maalula, aramäisch für „Eingang", ist ein kleiner syrischer Ort nahe dem Libanon. Mein Körper ist unterkühlt. Ich sitze völlig erschöpft in eine braune Wolldecke gehüllt auf einem Felsvorsprung. Ich starre in die Tiefe. Zum wiederholten Mal versuche ich, einen Weg aus dieser Steinwüste zu finden – ohne Erfolg. 150 Meter unter mir liegt dieses Dorf, Maalula, in Fels gebaut wie Bienenwaben. Theklas Grotte zu meiner Linken. Rechts nichts als Wüste, Gebirgszüge und Sand, so weit das Auge reicht. Maalula, unerreichbar. Die Felswand unter mir, unüberwindbar.

Mein Gott, gestern Nacht noch bin ich frohen Mutes in dieses Gebirge eingestiegen. Ich wollte in diesem kleinen Kloster übernachten, von dem es in meinem Reiseführer hieß, dass es für seine

Gastfreundschaft bekannt sei. Der Glöckner, ein kleiner, buckliger Mann, öffnete mir. Der Hausherr sei in Damaskus, sagte er. Er komme aber bald zurück. Durch ein winziges Holztor trat ich in das Kloster ein. Der Glöckner führte mich in eine angenehm kühle Klosterzelle im ersten Stock, wo ich meinen Rucksack abstellen und mich ausruhen konnte. Nachdem er einen Kissenbezug über das Kissen gestülpt hatte, verließ er das Zimmer. Kurze Zeit später kehrte er zurück und wollte Lira gegen Dollar tauschen. Auf einen solchen Deal standen im Assad-Regime bis zu fünf Jahre Gefängnis. Er bat mich eindringlich, dem Pater nichts davon zu verraten. Versprochen. In diesem Moment öffnete sich die Tür, der Pater aus Damaskus trat ein. Es folgte ein kurzer, heftiger Wortwechsel zwischen den beiden Männern auf Arabisch. Der Pater schrie mit hochrotem Kopf: „It's forbidden, it's forbidden, Police, Police", und gab dem Glöckner die Anweisung, mich sofort hinauszubegleiten. Ich hatte gerade noch genügend Zeit, meine Siebensachen zu packen, eine der Wolldecken, die auf einem Stuhl lag, zusammenzurollen und sie durch das Fenstergitter nach draußen zu schieben.

Auf dem Weg hinaus kam mir der Pater noch einmal entgegen, entschuldigte sich und wiederholte immer wieder denselben Satz: „Sorry, sorry, it's forbidden, it's forbidden, Police, Police!" Er bot mir Geld für ein Hotel an. Aber mein Entschluss, im Freien zu übernachten, stand fest. Die winzige Holztür in meinem Rücken schloss sich.

Ich trat meinem Abenteuer, im Gebirge zu nächtigen, mit großer Vorfreude entgegen. Ich lief um das Kloster herum, um die Wolldecke zu finden. Sie lag direkt unter dem Fenster der Klosterzelle, in der ich um ein Haar übernachtet hätte. Stolz und auch ein wenig schadenfroh, mit der Wolldecke in der Hand, machte ich mich auf den Weg ins Gebirge. Über mir der Himmel, die Sterne zum Greifen nah. „Abenteuer ich komme!" – So dachte ich.

Es wurde eine sehr lange Nacht. In der Wüste wird es nachts empfindlich kalt. Manchmal fallen die Temperaturen sogar unter den Gefrierpunkt. Hinzu kam ein schrecklicher Wind, der mir gnadenlos um die Ohren wehte. Immer wieder zerrte er mich aus dem Schlaf. Ich versuchte, ihm zu entkommen, aber überall spürte er mich auf. In die Wolldecke gewickelt, Schutz suchend hinter meinem Rucksack, oder mit Sack und Pack hinter einem Felsen versteckt, der Wind hatte seinen Höllenspaß mit mir. „Lass mich in Ruhe, verdammt noch mal!"

Zu guter Letzt fand ich einen Platz unter einem großen Felsen und hoffte, endlich Ruhe zu finden. Da – ein seltsames kleines Tier, nur wenige Zentimeter über mir an der Felsdecke, weiß, beinahe durchsichtig. Das Blut gefror mir in den Adern.

Was, wenn es giftig ist und mich im Schlaf anfällt? Der kleine Kerl war vor Kälte steifgefroren und nicht in der Lage, sich zu rühren. Viel später erfuhr ich, dass es sich bei dem Tierchen um einen harmlosen Gecko handelte. Mit riesigen Glubschaugen starrte er mich an und hatte wahrscheinlich genauso Angst wie ich. Ich nahm all meinen Mut zusammen und traf mit diesem Winzling eine Verabredung. „Wenn du mich in Ruhe lässt, dann tue ich dir auch nichts", und versuchte – endlich – einzuschlafen. Die Kälte aber ließ das nicht zu. Und der Wind, mein Freund, schon gar nicht.

So hatte ich mir die Nacht um die Ohren geschlagen und kein Auge zugetan.

Nun sitze ich hier, völlig erschöpft, übernächtigt und unterkühlt an diesem Felsvorsprung. Ich habe Hunger und Durst. Mein Mund ist trocken, die Augen brennen. Wo nur ist der Weg hinunter ins Dorf? Es liegt zum Greifen nah unter mir. Das ist sicher die Strafe dafür, dass ich die Wolldecke aus dem Kloster gestohlen habe, dachte ich bei mir. In wenigen Stunden wird sich dieser Ort in eine glühende Hölle verwandeln. Durst. Mein Körper braucht Wasser. Dringend. Gestern bin ich in diesem 3.000 Seelendorf auf knapp 1.500 Metern Höhe angekommen. Ein Bus brachte mich aus Damaskus hierher. Die Gastfreundschaft der Menschen in Syrien beeindruckte mich. Immer wieder wurde ich auf offener Straße angesprochen und zum Tee eingeladen.

Und jetzt das. Der Eingang, Maalula, zeigt sich mir verschlossen. Unbarmherzig.

Theklas Geschichte kommt mir in den Sinn:
Einer Legende nach hatte sich die Königstochter Thekla kurz nach Jesu Tod zum Christentum bekehrt. Als ihr Vater sie daraufhin mit einem ungeliebten Mann verheiraten wollte, floh sie nach Maalula. Das Dorf war nach der Fee Maalula benannt worden, die einst Aramäer aus großer Bedrängnis gerettet hatte, indem sie ihnen jenen schwer zugänglichen Talkessel gezeigt und als Wohnstätte überlassen hatte. Als Dank mussten die Aramäer versprechen, jeden, der in Not geraten war, aufzunehmen. Thekla floh also nach Maalula. Doch ihr Vater folgte ihr und befahl den Bewohnern, seine Tochter herauszugeben. Als sie sich weigerten, kam es zu einer blutigen Schlacht. Alle Männer von Maalula fielen. Daraufhin wollte sich Thekla den Soldaten ihres Vaters ausliefern, um wenigstens die Kinder zu retten. Die jedoch weinten so laut, dass die Soldaten sie entdeckten und die Königstochter gefangennehmen wollten. Da aber stieß Thekla einen so lauten Schrei aus, dass die Felsen sich spalteten und alle Soldaten unter sich begruben. Seit dieser Zeit soll niemand mehr Maalula erobert haben.

Als Gedenkstätte wurde Thekla zu Ehren ein winziges Kloster erbaut. Mar Takla. – Ich bitte und bete um Hilfe. Ich will hier nicht sterben. Ich kann meine Beine kaum mehr in Bewegung setzen. So sitze ich da, auf einer Felsplatte und heule los vor Verzweiflung.

Plötzlich kommt ein Vogel herangeflogen und setzt sich nur wenige Meter vor mir auf einen Stein. Ein Wiedehopf. Fröhlich wippt er mit seinem Schwanz auf und ab und schaut mich an. Mein Großvater liebte solche Vögel. In Gedanken spreche ich den Vogel an und erzähle ihm, dass ich mich verlaufen habe. Meinen Weg nicht finde. Ich bitte ihn um Hilfe. Da fliegt der Wiedehopf an mir vorbei, ein kleines Stück in die Richtung, aus der er gekommen war, und setzt sich auf einen Stein. Ich schaue ihm nach. Kann es sein, dass …

In diesem Moment fliegt der Wiedehopf erneut ein Stück weiter und wartet. Ich richte mich auf, hebe meinen Rucksack auf die Schultern und klemme die Wolldecke unter den Arm. Das Blei aus meinen Beinen ist verschwunden. Ich folge dem Wiedehopf. Er fliegt wieder ein Stück weiter und wartet. Ich folge ihm erneut. Und tatsächlich, er zeigt mir den Weg aus diesem Gebirge, und bald erreiche ich das Dorf Maalula. Shukran, kleiner Vogel, shukran*.

Die Wolldecke habe ich verloren. Diese Geschichte aber trage ich bis zum heutigen Tag in meinem Herzen.

Daniel Wahl

 *Arabisch für: danke

Nicht müde werden
Sondern dem Wunder
Leise
Wie einem Vogel
Die Hand hinhalten.

Hilde Domin

Schon immer war ich ein großer Skeptiker gewesen, der nach Beweisen suchte, Dinge hinterfragte und versuchte, sie rational zu durchleuchten. Bis zu meiner Krebsdiagnose hätte ich mich auch nicht als spirituellen Menschen bezeichnet. Doch angesichts der schweren Erkrankung probierte ich neben der schulmedizinischen Behandlung vieles aus, was irgendwie Heilung versprach. Meditation war auch dabei. Meine Güte, fiel mir das schwer! Ruhig zu sitzen ging ja noch, doch der Gedanken- und Sorgenkreisel im Kopf ließ sich kaum abstellen. Immerhin hatte ich mir daheim einen speziellen Platz eingerichtet und bemühte mich, regelmäßig zu üben, um abschätzen zu können, ob es „etwas bringt".

Eines Tages saß ich wieder da, mühsam innehaltend. Da wurde mir bewusst: Gerade nehme ich meinen Körper gar nicht wahr, dabei war ich nicht mal eingeschlafen. Es war ein Gefühl von „einfach SEIN". Es fällt mir schwer, zu beschreiben. Ich war beseelt von innerem Frieden und Glückseligkeit. Alles war da. Es fehlte nichts. Ekstatisch entspannt, schöner als nach einem körperlichen Höhepunkt! Ich war überglücklich, aus dem Nichts heraus! Wunderschön. Gleichzeitig sah ich vor meinem geistigen Auge ein riesiges helles Licht und einen Tunnel, der in dieses Licht hineinführte. Wie bei einem luziden Traum begab ich mich in Richtung dieses Lichttunnels. Da durchzuckte mich ein heftiger Schreck: Was tue ich da? Muss ich jetzt sterben? Ist es das, was Menschen nach einer Nahtoderfahrung berichten?

In dem Moment, in dem ich diesen Schreck erlebte, war das intensive Glücks- und Licht-Erleben abrupt beendet. Ich wurde mir wieder der Realität bewusst und versuchte, mir einen Reim auf alles zu machen.

Was war das? Glückseligkeit, nein, das ist zu hochtrabend. All-Eins-Sein, das klingt zu sehr nach Alleinsein, dabei fühlte es sich ja nicht einsam an, sondern zutiefst verbunden. Ein göttlicher Zustand, nicht von dieser Welt. Als ob die Dualität wegfiele. Alles war da, alles war vollkommen. Mein innerer Skeptiker war wieder kräftig herausgefordert!

Ich habe danach nie versucht, diesen Zustand wieder zu erreichen. Zu tief saß neben dem wundervollen Erleben auch der Schreck, die Angst vor dem Licht. Außerdem wollte ich unbedingt trotz Krebs weiterleben und für meine Familie da sein. Ich war ja ganz realistisch vom Sterben bedroht. Das war eben keine Fantasie, sondern harte Realität. Der Tumor wuchs. Kein Arzt wusste mir zu helfen.

Aber diese intensive Erfahrung hat mir ein Stück die Angst vor dem Sterben genommen! Vielleicht war das eine Botschaft „von oben" und man wollte mir sagen: „Du musst keine Angst haben! Es ist wunderschön, das Leben nach dem Leben."

Und vielleicht hat mir diese Erfahrung geholfen, dass ich ein Stück loslassen konnte, dass ich mehr in die Entspannung gegangen bin und damit meinem Immunsystem ermöglicht habe, zu wirken und die intensive Chemotherapie zu überstehen. Eigentlich (und auch uneigentlich) ist es ein großes Wunder, dass ich überhaupt noch lebe!

Meine erste Frau ist mittlerweile leider dorthin gegangen, wo ich wohl hineinschauen durfte. Auch sie hat der Krebs ereilt. Ich vermisse sie sehr, konnte ihr nicht helfen.

Viel später habe ich noch einmal ein Wunder erlebt: Ich habe mich neu verlieben dürfen. Bin weiter forschend und zunehmend weniger skeptisch unterwegs. Und mit großer Dankbarkeit für die unbeschreiblichen Momente und Geschenke in meinem Leben.

Wilhelm Friedrich Bethmann

Ich sagte zu dem Engel, der an der Pforte
der Zukunft stand: „Gib mir ein Licht, damit ich
sicheren Fußes der Ungewissheit entgegengehen
kann!" Aber er antwortete: „Geh nur in die
Dunkelheit und lege deine Hand in die
Hand Gottes; das ist besser als ein Licht
und sicherer als ein bekannter Weg."

Aus China

Ich setzte den Fuß
in die Luft,
und sie trug.

Hilde Domin

Alle Geschichten ohne Autorenvermerk wurden von Margarete Catharina Scheuvens aufgezeichnet.

Textnachweis:
Helena Aeschbacher-Sinecká: S. 91 © bei der Autorin. **Elisabeth Bernet**: S. 56 © bei der Autorin. **Hilde Domin**: S. 5, Und doch, wenn du lange...; S. 29, Nur eine Rose als Stütze; S. 103, Ich setzte den Fuß ...; S. 99, Nicht müde werden, aus: Hilde Domin, Sämtliche Gedichte, hg. v. Nikola Herweg und Melanie Reinhold, © S. Fischer Verlag, Frankfurt am Main 2009. **Silvia Droste-Lohmann**: S. 92 © bei der Autorin. **Regina Giese**: S. 85 © bei der Autorin. **Thomas Romanus**: S. 47, Wunder gibt es überall, © beim Autor. **Christine Ruppert**: S. 79 © bei der Autorin. **Ulrich Schaffer**: S. 12, Gibt es ..., aus: Zum freudigen Ereignis, hg. v. Gundula Kühneweg, © Verlag Herder GmbH, Freiburg im Breisgau 2007, S. 12. **Beate Schlumberger**: S. 69 © bei der Autorin. **Isabella Schneider**: S. 88 © bei der Autorin. **Ju Sobing**: S. © bei der Autorin. **Petra Stadtfeld**: S. 64 © bei der Autorin. **Tina Willms**: S. 43, © bei der Autorin.

Bildnachweis:
Fotografien: borchee / iStock (S. 3), jxfzsy / iStock (S. 4), Laura Pashkevich / AdobeStock (S. 18, 40), Kichigin / shutterstock (S. 28), schnuddel / iStock (S. 47), jarts / photocase (S. 69), Don Pablo / shutterstock (S. 72), Jeja / iStock (S. 79), borchee / iStock (S. 91), Oran Tantapakul / AdobeStock (S. 99), LedyX / shutterstock (S. 103).
Grafiken: Terriana / iStock, Im-kseniabond / iStock, lyubovyaya / iStock, katiko.dp / shutterstock.

Zur Herausgeberin:
Margarete Catharina Scheuvens begleitet Menschen in Zeiten der Veränderung in eigener Praxis mit Schwerpunkt Körper- & Gestalttherapie und auf einer Palliativstation. Sie interessiert sich für gewaltfreie Kommunikation nach M. Rosenberg, den Umgang mit Hochsensibilität und insbesondere für Achtsamkeit als Schlüssel zu weniger Stress und mehr Lebenszufriedenheit. Die Autorin lebt mit ihrer Familie und Huhn Christmas in Bonn. Mehr Informationen unter www.wegbegleitung-bonn.de

ISBN 978-3-86917-762-5
© 2019 Verlag am Eschbach
Verlagsgruppe Patmos in der Schwabenverlag AG, Ostfildern
Im Alten Rathaus/Hauptstraße 37
D-79427 Eschbach/Markgräflerland
Alle Rechte vorbehalten.

www.verlag-am-eschbach.de

FSC
www.fsc.org
MIX
Papier aus verantwortungsvollen Quellen
FSC® C043106

Gesamtgestaltung: Angelika Kraut, Verlag am Eschbach
Schriftvorlagen: Ulli Wunsch, Wehr
Herstellung: Grafisches Centrum Cuno GmbH & Co. KG, Calbe

Manufakt

Dieser Baum steht für umweltschonende Ressourcenverwendung, individuelle Handarbeit und sorgfältige Herstellung.